알자! 묻자! 세상의 모든 종교

통합교과 시리즈 참 잘했어요 **사회 ❾**

알자! 묻자! **세상의 모든 종교**

ⓒ **글** 이영민, 2014

1판 1쇄 발행 2014년 12월 1일 | **1판 2쇄 발행** 2021년 10월 15일

글 이영미 | **그림** 문구선 | **감수** 초등교사모임

펴낸이 권준구 | **펴낸곳** (주)지학사

본부장 황홍규 | **편집장** 윤소현 | **팀장** 문지연 김지영 | **편집** 양선화 박보영 이인선

디자인 이혜진 | **제작** 김현정 이진형 강석준 방연주 | **마케팅** 송성만 손정빈 윤술옥 이예현

등록 2010년 1월 29일(제313-2010-24호) | **주소** 서울시 마포구 신촌로6길 5

전화 02.330.5297 | **팩스** 02.3141.4488 | **이메일** arbolbooks@jihak.co.kr

ISBN 978-89-94700-23-0 64300

ISBN 978-89-94700-68-7 74300(세트)

잘못된 책은 구입하신 곳에서 바꿔 드립니다.

 제조국 대한민국　**사용연령** 8세 이상
KC마크는 이 제품이 공통안전기준에 적합하였음을 의미합니다.

 지학사아르볼　아르볼은 '나무'를 뜻하는 스페인어. 어린이들의 마음에
담긴 씨앗을 알찬 열매로 맺게 하는 나무가 되겠습니다.

홈페이지 www.jihak.co.kr/arb/book | **포스트** post.naver.com/arbolbooks

알자! 묻자!
세상의 모든
종교

글 **이영민** | 그림 **문구선** | 감수 **초등교사모임**

지학사아르볼

펴냄글

사회는 왜 어려울까?

1. 역사·경제·지리·문화·정치 등 공부해야 할 범위가 넓다.
2. 책이나 교과서를 볼 땐 이해할 것 같다가도 돌아서면 헷갈린다.
3. 사회 교과를 공부하기 위해 꼭 알아야 할 단어가 너무 어렵다.
4. 사회 공부 책은 글만 빽빽이 많아서 지루하다.

사회 공부, 쉽게 하려면 통합교과 시리즈를 펼치자!

통합교과란?

▨ 서로 다른 교과를 주제나 활동 중심으로 엮은 새로운 개념의 교과

▨ 하나의 주제를 **개념·역사·경제·사회·과학·수학·인물** 등
   다양한 교과 영역에서 접근해 정보 전달 효과를 높임

▨ 문·이과 통합 교육 과정에 안성맞춤

이런 학생들에게 통합교과 시리즈를 추천합니다!

사회 교과를 처음 배우는 초등학교 **3학년**

사회가 지겹고 어렵게 느껴지는 **4학년**

개념
개념을 알아야
주제가 보인다!
개념 완벽 정리

역사
동화·만화·인터뷰 등
재미있게 풀어낸
이야기를 읽다 보면
역사 지식이
머릿속에 쏙!

인물
한 분야를 대표하는
위대한 인물의
리더십과 창의력을
배운다!

**통합교과
시리즈**

예술
세계 속 문화유산을
통해 창의력을
기른다.

사회
정치·경제·지리 등
사회 과목을 세부적으로
파고들어 주제에 대한
이해를 높인다!

체험
글로만 배우는
사회는 그만! 체험을
통해 책에서 얻은
지식을 진짜 내 것으로
만들자!

차례

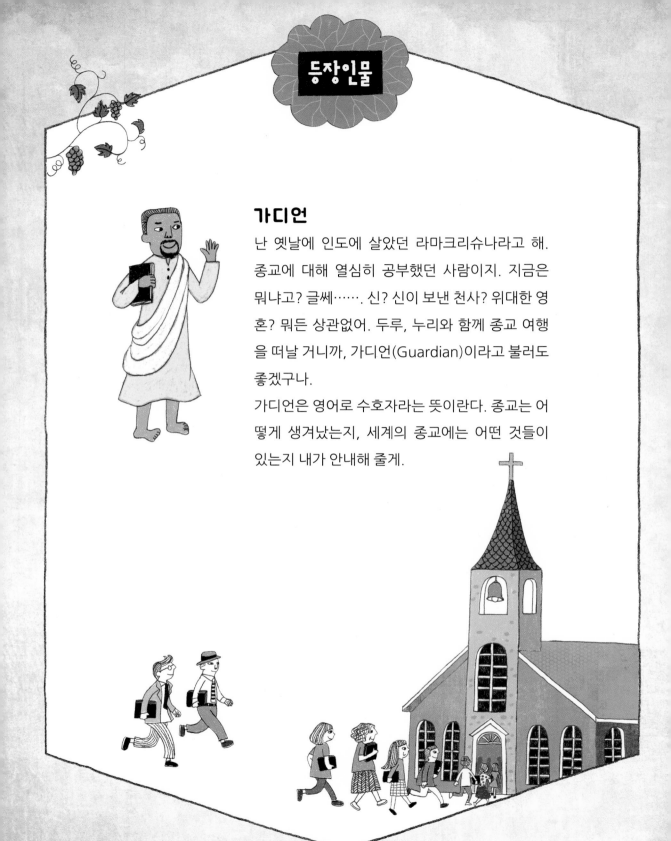

가디언

난 옛날에 인도에 살았던 라마크리슈나라고 해. 종교에 대해 열심히 공부했던 사람이지. 지금은 뭐냐고? 글쎄……. 신? 신이 보낸 천사? 위대한 영혼? 뭐든 상관없어. 두루, 누리와 함께 종교 여행을 떠날 거니까, 가디언(Guardian)이라고 불러도 좋겠구나.

가디언은 영어로 수호자라는 뜻이란다. 종교는 어떻게 생겨났는지, 세계의 종교에는 어떤 것들이 있는지 내가 안내해 줄게.

두루

친구들은 나더러 못 말리는 장난꾸러기라는데, 그건 오해야! 난 과학자가 꿈인 진지한 초등학생이지. 뭐, 장난기가 좀 많은 건 인정해. 이번에 누리를 살짝 골려 주려고 했는데, 그만 일이 꼬여 버렸어. 난 신이나 종교 같은 것엔 관심이 없어. 그런데 갑자기 웬 이상한 아저씨가 나타나서 종교에 대해 알려 주겠다지 뭐야?

누리

난 두루의 친구, 누리야. 아니다! 두루 때문에 죽을 위험에 처했으니 우리가 친구라고 할 수 있을지 모르겠네. 아무튼 죽을지도 모른다고 생각하니 왜 진작 종교를 갖지 않았을까 후회가 됐어. 종교를 가지고 기도한다면, 신이 우릴 살려 줄지도 모르잖아. 그런데 정말 신이 있는 걸까?

1 알쏭달쏭 헷갈리는
종교의 모든 것

가디언을 만난 두루와 누리

"친구들한테 장난치지 말고 조심해서 다녀와!"

엄마는 '자연 탐험 캠프'를 떠나는 두루에게 주의를 주었어요.

"걱정 마세요. 조심할게요."

두루는 자신 있게 대답했지만 머릿속에는 친구들, 아니 누리를 골려 줄 생각이 가득했어요. 캠프에 도착한 두루는 곧바로 행동을 시작했지요.

'크크, 이게 좋겠다. 누리 너, 오늘 밤에 깜짝 놀라 기절하게 될 거다.'

두루는 저녁을 먹고 난 뒤 누리를 불렀어요.

"선생님께서 부르셔."

"어디 계신데?"

"강 건너 오두막에. 강가에 있는 보트를 타고 오라고 하시던데?"

이야기를 마친 두루는 재빨리 강가의 보트로 달려갔어요. 귀신 분장을 하고 숨어 있다가 깜짝 놀라게 할 생각이었지요. 얼마 뒤 누리가 강가에 도착했어요. 누리는 보트에 묶인 줄을 풀고 올라탔지요. 노를 들고 열심히 저었지만, 배는 물살을 타고 강으로 떠내려가기 시작했어요.

그때 갑자기 배 한쪽에 있던 흰 뭉치가 부스스 일어나는 게 아니겠어요?

"엄마야, 귀신이다!"

누리는 놀라서 노 하나는 강에 떨어뜨리고, 남은 노로 귀신을 때렸어요.

두루가 소리를 지르며 흰 천을 벗었지요. 두루는 누리를 기다리다가 그새 잠이 들었던 거예요. 모든 게 두루의 장난임을 알게 된 누리는 화가 났어요.

"이제 어쩔 거야?"

"그러게 왜 이렇게 늦게 왔어? 네가 빨리 왔으면 내가 잠들지 않았을 거고, 보트에 묶인 밧줄을 풀기 전에 놀래 주고 끝났을 건데!"

"그걸 말이라고 해? 네가 처음부터 장난을 치지 않았으면 됐잖아?"

"그러니까 누가 친구들한테 내 비밀을 함부로 말하라고 했어?"

두루와 누리는 소리를 지르며 싸우기 시작했어요. 원래 두루와 누리는 한동네에 사는 단짝이었지요. 그러던 어느 날 두루가 누리에게 심하게 장난을 쳤어요. 화가 난 누리는 그만 두루가 어렸을 때 바지에 오줌을 쌌던 일을 친구들에게 모두 말해 버렸어요.

그때부터 두루의 별명은 오줌 장군이 되었고, 둘은 만나기만 하면 으르렁거렸지요. 둘이 싸우는 동안에도 보트는 강을 빠르게 떠내려갔어요.

그런데 갑자기 보트가 뱅그르르 돌더니 커다란 바위에 쿵 부딪치고 말았어요.

"앗, 보트에 구멍이 났어."

누리가 흰 천으로 구멍을 막았지만, 물이 새어 들어왔어요.

"우리 이렇게 죽는 거야? 기도라도 할까? 하나님, 부처님……, 아무튼 여러 신들께 부탁드려요. 저 좀 살려 주세요. 아, 진작 종교를 가질 걸 그랬어."

누리는 얼굴이 하얗게 질려 아무렇게나 기도를 하기 시작했어요.

"세상에 신이 어딨어? 지금 기도를 해서 뭐하냐?"

"그냥 가만히 있는 너보다는 낫지 뭘 그래?"

"난 가만히 있는 게 아니고, 해결 방법을 찾으려고 생각하는 거라고!"

그렇게 싸우는 사이 보트에는 물이 계속 차올랐어요.

"거참. 시끄러운 애들이네!"

그때였어요. 이상한 모습의 아저씨가 나타났지요.

"누, 누구세요?"

"난 옛날에 인도에 살았던 라마크리슈나야. 그냥 가디언이라고 불러. 지금부터 너희를 데리고 긴 여행을 떠날 테니까."

"여행이요?"

두루가 눈을 동그랗게 뜨고 묻자, 가디언은 누리를 가리켰어요.

"네가 아까 진작 종교를 가질 걸 그랬다고 했지? 그 말을 듣고 종교에 대해 알려 주려고 왔어. 종교를 가지려면에 종교에 대해 먼저 알아야 할 테니까 말이야."

"그럼, 누리만 데려가세요. 전 종교 같은 건 관심 없어요."

두루가 투덜거렸어요.

"정말 그래도 돼? 너 혼자 이 보트 위에 있을래?"

가디언의 말을 들은 두루가 조용해졌어요. 가디언은 두루와 누리의 손을 잡고 하늘로 솟아올랐지요.

왜 종교에 대해 알아야 할까요?

두루는 과학자가 꿈이에요. 평소에 신은 없다고 생각하고, 종교에도 관심이 없었지요. 우리 주변에는 두루처럼 신을 믿지 않고, 종교에 관심을 갖지 않는 사람들이 많이 있어요. 하지만 반대로 신을 믿으며 종교의 가르침에 따라 살아가는 사람들도 아주 많지요. 종교를 가진 사람이든 그렇지 않은 사람이든 종교를 아는 것은 매우 중요해요. 그 이유를 함께 살펴볼까요?

첫째, 다른 사람을 이해하는 데 도움이 돼요.
종교를 믿는 사람들의 생각이나 행동은 종교의 영향을 받는 경우가 많아요. 힌두교를 믿는 사람이 소고기를 먹지 않거나, 기독교를 믿는 사람이 성당이나 교회를 가는 것처럼 말이에요.

둘째, 다른 나라의 문화를 이해하는 데 도움이 돼요.
유럽 국가들의 성당과 교회, 우리나라와 중국의 절과 불상처럼 세계적인 문화유산이나 문화재는 종교와 관련된 것들이 많아요. 대부분의 나라는 그 나라 문화의 뿌리가 되는 종교가 있지요.

셋째, 세계의 역사를 이해하는 데 도움이 돼요.
십자군 전쟁은 세계 역사상 가장 끔찍한 전쟁 가운데 하나로 손꼽혀요. 이 전쟁의 원인은 바로 종교였지요.
십자군 전쟁뿐만이 아니라, 각 종교가 생겨나고 발전하며 퍼져 나가는 과정은 세계의 역사에 많은 영향을 미쳤어요.

17

종교가 뭐예요?

종교(宗^{근본 종}敎^{가르칠 교})는 '근본이 되는 가르침'이라는 뜻을 가지고 있어요. 쉽게 풀이하면 신이나 절대자를 믿고 섬기면서 마음의 평화와 행복을 얻으려는 일이라고 할 수 있지요.

넓은 의미로는 신과 같은 초월적 존재나 힘을 믿음으로써, 고민을 해결하고 삶의 의미를 찾는 문화를 종교라고 한답니다.

그런데 사실 종교가 무엇인지 한마디로 설명하기는 쉽지 않아요. 또 오늘날 전 세계에는 아주 많은 종류의 종교가 있어요. 그래서 종교가 모두 몇 종류나 되는지 정확히 알 수 없지요.

하지만 무수히 많은 종교들 사이에도 공통점은 있답니다.

첫째, 자연과 사람의 이해를 뛰어넘는 존재를 믿거나 따라요. 기독교의 하느님, 불교의 부처님처럼 말이에요.

둘째, 같은 종교를 믿는 사람끼리 모여, 종교에 대한 믿음을 함께 해요. 기독교의 교회나 성당, 불교의 절, 힌두교의 사원 등에서 그 종교를 믿는 사람들이 모여 함께 기도하고 믿음을 펼치지요.

종교는 왜 생겨났을까요?

　종교는 우리가 생각하는 것보다 훨씬 일찍 시작되었어요. 어떻게 알 수 있느냐고요? 그 비밀은 바로 원시인들이 남긴 벽화에서 찾아볼 수 있답니다.

　구석기 시대 원시인들이 남긴 라스코 동굴 벽화에는 말, 사슴, 들소 등 100여 마리의 동물 그림이 그려져 있어요. 학자들은 원시인들이 신이나 자연에 사냥이 잘되게 해 달라고 빌며 이 그림을 그린 것으로 추측하고 있어요.

　이처럼 신이나 자연에 무언가를 바라고 기도하는 마음을 가졌다는 것! 이것이 바로 종교의 시작이라고 볼 수 있어요.

　옛날 사람들은 홍수·태풍·가뭄·지진 등 엄청난 자연재해를 겪으면서 자연의 힘에 놀라곤 했어요. 또 아프고, 늙고, 죽는 인간의 모습을 보면서 사람의 힘으로는 어찌할 수 없는 일들이 있다는 것을 깨달았지요.

그런 깨달음 끝에 사람들은 이 세상에는 인간이 알 수 없는 신비한 힘이 있다고 생각하게 되었어요. 그 신비한 힘은 돌·태양·나무·동물 등에 영혼이 깃들어 생기거나, 세상을 만들고 다스리는 신에게서 나온다고 믿었지요.

이런 생각은 많은 궁금증을 해결해 주었어요.

"태풍은 신이 화가 나서 벌을 주는 것이다."
"신이 이 세상과 인간을 만들었다."
"인간이 죽으면 신의 판결에 따라 천국이나 지옥으로 간다."

사람들은 신에게 기도를 드리며 보살핌 받기를 바랐어요. 막연히 자연재해를 두려워하고, 신비로운 일이 왜 일어나는지 궁금해할 때보다 훨씬 마음이 편안해졌지요.

옛날 사람들의 이런 믿음은 세월이 흐르면서 점차 다양한 종교로 발전하게 되었답니다.

신은 정말 있을까요?

　오늘날에는 전 세계적으로 아주 많은 종류의 종교가 있어요. 사실 종교가 모두 몇 종류인지 정확히는 알 수 없지요. 하지만 가장 많은 사람들이 믿고 잘 알려진 다섯 종교가 있어요. 힌두교·유대교·그리스도교·이슬람교·불교가 그것이고 **세계 5대 종교**라 불리지요.

　힌두교는 주로 인도와 네팔 사람들이 많이 믿어요. **유대교**는 유대 민족의 종교로 주로 이스라엘 사람들이 많이 믿지요. 서남아시아에서 생겨난 **기독교**는 오늘날 전 세계 가장 많은 사람들이 믿는 종교예요. **이슬람교**는 서남아시아·북아프리카·중앙아시아의 나라들이 많이 믿고 있어요. 그리고 **불교**는 한국·일본·중국·태국·스리랑카 등 아시아 지역에서 많이 믿어요.

종교에서는 신이나 초월적인 존재를 믿는 경우가 많다고 이야기했지요? 그런데 말이에요, 세상에 정말 신이 있을까요?

신이 있느냐 없느냐는 종교·철학·과학적으로 끊임없이 이야기되는 문제 중에 하나예요. 그런데 분명한 것은 세상 그 누구도 신이 있는지 없는지 증명할 수 없다는 것이에요. 신이란 인간과 자연의 이해를 벗어난 존재이기 때문이에요.

사실 신이 있다고 말하는 사람들도 실제로 신이 있는지 없는지는 알지 못해요. 알지 못해도 그렇다고 믿는 거예요. 아는 것과 믿는 것은 다른 것이니까요.

종교는 과학적으로 증명하는 것이 아니라 믿는 것에서부터 시작해요. 믿기로 결심하는 것은 모두 각자의 선택에 달려 있어요. 누구도 다른 사람에게 종교나 신을 믿으라고 강요할 수 없고, 또 종교나 신을 믿는 것이 옳지 않다고 말할 수도 없답니다.

알쏭달쏭 헷갈리는 종교의 모든 것

종교란?

신이나 절대자를 믿고 섬기면서 마음의 평화와 행복을 얻으려는 일과 그로 인해 삶의 의미를 찾는 문화를 말하지요.

종교를 왜 알아야 할까요?

- 다른 사람을 이해하는 데 도움이 돼요.
- 다른 나라의 문화를 이해하는 데 도움이 돼요.
- 세계의 역사를 이해하는 데 도움이 돼요.

24

종교가 생겨난 이유

– 옛날 사람들은 홍수·태풍·가뭄·지진 등 엄청난 자연재해를 겪으면서
자연의 힘에 놀라곤 했어요. 또 아프고, 늙고, 죽는 인간의 모습을 보면
서 사람의 힘으로는 어찌할 수 없는 일들이 있다는 것을 깨달았지요.

– 그 신비한 힘은 돌·태양·나무·동물 등에 영혼이 깃들어 생기거나, 세상
을 만들고 다스리는 신에게서 나온다고 믿었지요.

– 사람들은 신이나 절대적 존재에게 기도를 드리며 보살핌 받기를 바랐
어요. 이런 믿음이 점차 다양한 종교로 발전하게 되었지요.

신은 정말 있을까요?

– 누구도 신이 있는지 없는지 정확히 알 수 없고, 증명할
수 없어요.

– 종교에서 중요한 것은 아는 것이 아니라 믿는 것이지
요. 따라서 신을 믿을지 안 믿을지는 각자의 선택에 달
려 있어요.

우리나라 민족 종교를 소개합니다!

오늘날 우리나라에는 다양한 종교를 믿는 사람들이 어우러져 살아가고 있어요. 특히 기독교나 불교를 믿는 사람들이 많지요. 하지만 이 종교들은 우리나라에서 처음 만들어진 것이 아니에요. 우리나라에서 처음 만들어진 종교는 없느냐고요? 당연히 있지요.

어떤 민족에게서 생겨나 발전된 종교를 '민족 종교'라고 해요. 우리나라의 민족 종교에 대해 함께 알아봐요.

사람이 곧 하늘이다, 천도교

천도교는 1860년 최제우라는 사람이 만든 종교예요. 처음에는 '동학'이라고 하다가 제3대 교주* 인 손병희에 의해 이름이 바뀌었지요.

천도교에서는 "사람이 곧 하늘이고, 모든 사람은 평등하다."고 말해요. 그래서 세상의 모든 것을 존중하고 조화롭게 살아야 한다고 생각하지요. 길가의 돌 하나, 나무 한 그루도 함부로 하지 않는답니다.

★ **교주** 종교 단체의 우두머리

26

단군의 뜻을 이어받은 대종교

대종교는 단군을 받드는
종교예요. 1909년 나철이
라는 사람이 '단군교'라는
종교를 만들었고, 1910년
에 대종교로 이름을 바꿨
지요.

대종교는 '널리 사람을 이롭게 한다.'는 단군의 홍익인간(弘 넓히다 홍 益 더하다 익 人 사람 인 間 사이 간) 정신을 이어받았어요.

대종교를 믿는 사람 중에는 일제 강점기에 독립운동을 한 사람이 많
았어요. 단군의 자손으로서 우리 민족을 구하고, 나라를 되찾는 일이
중요하다고 생각했기 때문이지요.

조화롭게 살기를 바라는, 원불교

원불교는 1916년 불교의 교리를 바탕으로 삼아 박중빈이 만든 새로
운 종교예요. 원불교에서는 우주의 모든 사물이 하나의 본성과 근원을
가지고 있다고 믿어요.

이러한 진리를 깨우치기 위해서는 실천하며 살아가는 것이 중요하
다고 가르치지요. 그래서 감사·근면·저축 등을 강조하고, 학교를 짓거
나 어려운 사람들을 돕는 일을 많이 했어요. 또 종교 지도자들도 직업
을 갖고 사람들 속에서 살아가며 종교 활동을 하도록 했지요.

2 수많은 신을 모시는 힌두교

악마를 속인 신들

가디언과 함께 두루와 누리가 도착한 곳은 바다였어요.

"앗, 우릴 구해 준다더니 바다에 빠뜨리는 거예요?"

놀란 두루가 소리쳤지요. 가디언은 두루의 입을 막으며 쉿! 하고 속삭였어요. 두루와 누리는 가디언과 함께 하늘에 둥둥 떠 있었지요.

"지금 신과 악마인 아수라들이 서로 싸우고 있는 중이야. 세상이 생길 때부터 싸워 왔지."

그때 멀리서 신들이 이야기하는 소리가 들려왔어요.

"이러다간 신들이 아수라들에게 져서 모두 사라지고 말 거야."

"비슈누 신에게 도움을 청해야겠어."

신들은 비슈누 신에게로 가서 도움을 청했어요. 그러자 비슈누 신이 근엄한 목소리로 말했어요.

　"신들이 힘을 얻고 영원히 살기 위해서는 우유 바다에 약초를 넣고 휘저어 영생*의 약을 얻어야 한다. 하지만 그러려면 아수라들의 도움이 필요하지."

　어떻게 아수라들의 도움을 받을까 고민하던 신들은 아수라들을 속이기로 했어요.

　"영생의 약을 만들면 나누어 줄 테니 우리를 도와주시오."

　그 모습을 보던 누리가 가디언에게 물었어요.

　"저 사람들은 다 누구고, 뭐하는 거예요?"

　"신과 악마들이야. 우린 지금 힌두교의 신화 속에 들어와 있는 거란다."

　"말도 안 돼. 신이 저렇게 많다고요?"

　"응, 당연하지. 힌두교에는 셀 수 없을 만큼 많은 신들이 존재한다고. 조용히 하고 계속 지켜보렴. 재미있는 일들이 벌어질 거야."

★ **영생** 영원한 생명 또는 영원한 삶

아수라들은 영생의 약을 얻을 수 있다는 말에 신들을 도왔어요.

신들과 힘을 합해 커다란 산을 뽑아 바다에 넣고, 비슈누 신은 산이 가라앉지 않도록 커다란 거북이로 변해 산을 받쳤지요. 그리고 거대한 뱀을 산에 감아 바다를 저을 막대로 사용했어요. 그러자 신들과 아수라들은 힘을 합해 우유 바다를 휘젓기 시작했지요. 그렇게 천 년이 지나자, 갑자기 바다가 부글거리더니 푸른 독약이 생겨났어요. 시바 신은 독약을 삼켜 목에 저장했지요. 그러자 물속에서 새로운 생명들이 태어나기 시작했어요.

가디언은 새로운 생명이 나타날 때마다 설명을 해 주었어요. 생명의 어머니인 암소, 빛처럼 빨리 달리는 흰말, 여러 신 등이 태어났지요.

"드디어 나왔어. 신들의 의사, 단완타리야. 영생의 약이 든 호리병을 들고 태어났군."

그 순간 두루와 누리는 가디언과 함께 새로운 장소로 빠져나왔어요. 그곳에는 책을 읽어 주는 사람과 열심히 듣고 있는 소년이 있었지요.

"아, 뭐예요? 이야기가 더 재밌어지려는 참이었는데."

두루가 툴툴거리자 가디언이 웃으며 대답했어요.

"영생의 약을 발견하고 신들이 기뻐하는 사이에 아수라들이 먼저 약을 차지했어. 하지만 비슈누 신의 도움으로 결국 신들이 영생의 약을 마시게 되었지. 그 덕분에 신들은 영원히 살 수 있게 되었단다. 자, 이제 됐지? 힌두교 신화는 아주 많아. 다 알려면 끝도 없지. 우린 저 스승이 아이에게 읽어 주고 있는 경전* 속의 힌두 신화 속으로 잠시 다녀온 거란다."

그러자 누리가 말했어요.

"힌두교에는 신이 정말 많은 것 같아요. 그런데 그 많은 신 중에 어떤 신이 좋은지 어떻게 알죠? 이름을 기억하기도 어려울 것 같아요."

"걱정할 것 없어. 모든 신을 다 알아야 할 필요는 없으니까. 중요한 건 어떤 마음으로 신을 믿느냐가 아닐까? 자, 우리도 저 소년과 같이 힌두교에 대해 배워 볼까?"

★ **경전** 종교의 가르침을 적은 책

인더스 문명에서 태어난 힌두교
- 힌두교의 개념

힌두교는 '힌두의 종교'라는 뜻이에요. 힌두란 큰 강이라는 페르시아 어인데, 인도를 가리키는 말이기도 해요. 오늘날 힌두교를 믿는 사람 가운데 5분의 4 이상은 인도 사람들이랍니다.

인도에서는 여러 종교를 믿지만, 가장 오래되고 많이 믿는 종교는 힌두교예요. 힌두교는 인도의 사회·관습·전통 등 모든 것에 영향을 주었어요. 그래서 힌두교 없이는 인도를 이해하기가 어렵지요.

대부분의 종교는 그 종교를 처음 만든 사람이나, 신의 가르침을 전하기 시작한 사람이 있어요. 그런데 힌두교는 달라요. 종교를 만든 사람이나 신의 가르침을 처음 전하기 시작한 사람이 알려져 있지 않지요.

힌두교는 세계 4대 문명의 하나인 인더스 문명*에서 자연적으로 생겨난 종교예요. 그래서 힌두교의 역사가 얼마나 오래되었는지 정확하게 아는 사람은 아무도 없어요.

★ **인더스 문명** 기원전 2500~1500년 무렵까지 인도의 인더스 강 유역에서 생긴 문명

힌두교에는 몇 명의 신이 있어요?

힌두교의 가장 큰 특징은 정말 많은 신들이 있다는 거예요. 도대체 몇 명이냐고요? 3억 3천만 명이 넘는다고 하는데, 사실 누구도 신이 모두 몇이나 되는지 정확히 알지 못한답니다. 원래 신들이 많은 데다 하나의 신에서 다른 신이 태어나고 거기서 또 태어나는 식으로 계속해서 새로운 신이 나타나거든요. 그리고 앞으로도 신들은 계속 늘어날 예정이랍니다.

많은 신들 중에서도 사람들이 가장 중요하게 여기는 세 명의 신이 있어요. 창조의 신 브라흐마, 세상의 질서를 유지하는 신 비슈누, 파괴의 신 시바예요.

그럼 이렇게 많은 신들을 모두 믿고 모셔야 하는 걸까요? 그럴 필요는 없어요. 여러 신을 함께 모셔도 되고, 하나의 신만 모셔도 돼요. 마음에 드는 신을 골라 믿으면 그만이지요. 어떤 신이 더 낫다거나 나쁘다고 여기지도 않아요. 신들은 모두 한 식구나 다름없기 때문이에요.

힌두교도들은 아침마다 신을 위해 '푸자'라는 예배를 드려요. 집에 작은 제단과 함을 만들어 놓고 꽃이나 선물로 제단을 꾸미지요. 이렇게 신에게 빌면 신들은 사람들이 착하게 살아갈 수 있도록 도와준다고 믿는답니다.

끊임없이 새롭게 태어나는 영혼

힌두교도들은 삶이 영혼의 긴 여행 속 아주 잠깐의 시간이라고 생각해요. 모든 생명에는 영혼이 있고, 그 영혼은 몸이 죽으면 새로운 몸을 찾아 다시 태어난다고 믿지요. 이를 '윤회'라고 한답니다.

영혼이 태어나는 몸은 곤충일 수도 있고, 동물일 수도 있고 사람일 수도 있어요. 어떤 모습으로 태어날지는 그 사람이 어떻게 살았는지에 달려 있지요.

착하게 살면 사람으로 태어나고, 나쁘게 살면 동물이나 곤충, 바위처럼 생명이 없는 물체로 세상에 오게 된다는 것이지요.

하지만 힌두교도들이 바라는 최고의 목표는 윤회에서 벗어나는 거예요. 영혼이 더 이상 새롭게 태어나지 않고 자유로운 상태가 되기를 소망하지요. 이를 '모크샤'라고 하는데 '완전한 자유'라는 뜻이지요.

죽기 전에는 벗어날 수 없는 계급, 카스트

힌두교에서는 태어날 때부터 사람의 계급이 정해져 있다고 믿어요. 이 계급을 '카스트'라고 하는데, 한번 어떤 계급으로 태어나면 평생 벗어날 수 없어요. 계급에 따라 직업도 정해지고, 결혼도 같은 계급 안에서만 해야 하지요.

카스트는 크게 네 개의 계급으로 나뉘어요.

브라만	제일 높은 계급으로 성직자, 학자 등이에요.
크샤트리아	귀족, 무사들이 속하는 계급으로 국민을 보호하고 통치하는 역할을 해요.
바이샤	평민 계급이에요. 상인, 농부 등의 직업을 갖지요.
수드라	천민 계급이에요. 하인, 노예처럼 다른 사람들을 위해 일하는 직업을 가져요.

그런데 이 네 개의 계급에 속하지 못하는 사람도 있어요. 천민인 수드라보다도 낮은 신분인 '불가촉천민'이에요. 이들은 주로 부모의 직업을 이어받아, 평생 그 일만 하면서 어렵게 살아가요. 대부분 빨래·청소 등 어렵고 힘든 일들이에요.

낮은 계급으로 태어난 사람들은 전생*에 자신이 지은 죄 때문에 낮은 계급으로 태어났다고 생각해요. 그 책임을 지고 열심히 착하게 살면서, 다음 삶에는 좀 더 좋은 계급으로 태어나길 바라지요.

이렇게 태어날 때부터 신분이 정해진다니 공평하지 않다고요? 낮은 신분으로 태어나고 싶은 사람이 세상에 어디 있느냐고요?

사실 카스트 제도는 기원전 1400년경, 중앙아시아에서 온 아리아인들이 인더스 문명을 정복한 뒤에 만든 제도예요. 지배하기 좋도록 자신들은 최고의 위치인 브라만 신분에 올려 놓고 원주민들은 그 아래에 놓았지요. 이것이 종교적인 의미와 합해져 오늘날까지 전해져 내려온 거예요.

그래서 인도의 지도자 간디를 비롯해 많은 사람들이 카스트를 없앨 것을 주장했어요. 그 결과 오늘날 인도에는 법적으로 카스트가 없어졌지요.

하지만 수천 년간 인도인들의 생활을 지배했던 제도이기 때문에 아직도 생각과 생활 속에 깊게 남아 큰 영향을 주고 있어요.

★ **전생** 이 세상에 태어나기 이전의 생애

힌두교도가 되려면 어떻게 해야 할까요?

원래 힌두교도들은 자신들의 종교를 마음대로 선택할 수 없었어요. 힌두교 집안에서 태어나면 태어나면서부터 힌두교로 종교가 정해졌기 때문이에요. 하지만 요즘에는 아주 엄격하지는 않아서 힌두교 집안에서 태어나도 다른 종교를 선택하기도 해요. 또 다른 나라 사람이 힌두교를 믿기도 하지요.

인도 사람들은 정신적 스승인 구루에게 힌두교와 『베다』 등에 대해서 배워요.

구루는 힌두교의 가르침뿐만이 아니라 요가와 명상도 가르쳐요. 요가와 명상은 영혼이 몸으로부터 자유로워질 수 있도록 도와준다고 해요.

친구들은 요가를 해 본 적이 있나요? 우리나라에서 요가는 운동의 한 종류로 널리 알려져 있어요. 몸을 건강하게 하고 스트레스를 풀기 위해 요가를 하는 사람이 많지요. 운동으로 생각하던 요가가 힌두교 수행 방법의 하나라니 재미있지요?

힌두교의 교과서 『베다』, 힌두교의 참고서 『우파니샤드』

힌두교에는 신이 많은 것처럼 경전도 많아요. 그 가운데 가장 오래된 것은 『베다』예요. 『베다』는 기원전 2000~1100년에 만들어졌고, 주로 신을 기리는 내용으로 이루어져 있지요.

『우파니샤드』는 『베다』보다 약 천 년 뒤에 만들어졌어요. 『베다』를 해설해 놓은 것으로 윤회와 윤회에서 벗어나는 방법 등에 대한 이야기가 실려 있지요.

성스러운 갠지스강
– 힌두교와 세계 지리

갠지스강은 인도를 대표하는 아주 큰 강이에요. 길이가 약 2,500킬로미터나 되지요. 강줄기 주변에는 강으로 내려갈 수 있는 계단들이 많이 있어요.

강물의 색이 누렇고 냄새도 심하지만, 이곳엔 몸을 담그고 목욕을 하는 사람이 아주 많아요. 힌두교도들은 갠지스 강물이 자신들이 지은 죄를 씻어 준다고 여기거든요.

또 노인들은 죽을 때가 되면 갠지스강가에 있는 도시 바라나시로 가길 원해요. 그곳에서 죽어 몸을 태워 가루로 만든 뒤, 갠지스강에 뿌리면 계속 다시 태어나는 일에서 벗어날 수 있다고 믿기 때문이랍니다.

힌두교도들이 갠지스강을 신성하게 여기는 것은 여신이 내려와 변해서 갠지스강이 되었다는 신화 때문이에요.

갠지스강이 된 강가 여신

옛날에 악마들이 있었어요. 악마들은 사람들이 신에게 제물을 바치는 것을 방해하고는 강으로 쏙 숨어 버리곤 했지요. 어느 날 참다못한 현자*가 결심했어요.

"악마들이 더 이상 숨지 못하도록, 저 강물을 모두 마셔 버리겠어."

현자가 강물을 모두 마셔 버리자 악마들은 더 이상 힘을 쓸 수가 없었어요. 그러나 강물이 사라지자 사람들도 괴로워졌어요. 마실 물과 씻을 물이 없었거든요. 사람들은 신에게 빌었어요.

"저희에게 물을 내려 주세요."

강가 여신은 사람들의 소원을 들어주기 위해 강으로 변해 세상에 내려왔어요. 하지만 강가 여신은 얌전히 있지 않고, 제멋대로 여기저기를 휘젓고 다녔어요. 그러자 불만을 품은 다른 신들이 시바 신에게 말했지요.

"강가 여신이 너무 제멋대로 굽니다."

"저러다가 세상의 모든 것을 엉망으로 만들지도 몰라요."

결국 시바 신은 강가 여신을 자신의 머리카락으로 묶어 얌전히 누워 있게 했어요. 그제야 강가 여신은 강물이 되어 흐르게 되었는데, 이 강이 바로 갠지스강이랍니다.

⭐ **현자** 어질고 총명한 사람

다양한 신과 함께 즐거운 축제를
– 힌두교와 문화

성대한 빛의 축제, 디왈리 축제

디왈리 축제는 힌두 달력으로 여덟 번째 달의 초승달이 뜨는 날을 중심으로 5일 동안 벌어지는 축제예요. 아름다움과 행운의 여신 락슈미가 죽음의 세계에 있다가 돌아온 것을 축하하는 축제이지요. 힌두 달력이란 태양과 달을 기준으로 만든 인도 달력이에요.

디왈리는 '빛의 행렬'이라는 뜻으로, 아침에는 집안을 장식하고 곳곳에 촛불을 밝혀요. 밤에는 집집마다 폭죽을 터트린답니다.

봄을 알리는 물감 축제, 홀리 축제

3월 무렵에 열리는, 봄이 시작됨을 축하하는 축제예요. 축제가 시작되면 사람들은 거리로 나와, 다양한 색의 가루와 물감을 서로의 얼굴과 몸에 문지르거나 뿌려요. 거리에 돌아다니는 사람들에게 색 물감이 든 풍선을 던지거나, 물총을 쏘아 대지요.

인도에서는 소고기로 만든 햄버거를 먹을 수 없다고요?

인도를 여행하다 보면 길 한가운데 멈춰 있는 소를 보호하느라 차가 막히는 것을 볼 수 있어요. 소가 어슬렁거리며 움직이면 자동차는 물론 사람도 비켜서서 길을 양보하지요.

이런 인도에서 소를 잡아먹는다는 건 상상도 할 수 없어요. 소를 보호하고 죽이지 말아야 한다는 법이 있을 정도지요. 그래서 햄버거 가게에서는 소고기가 들어간 햄버거를 팔지 않는답니다.

힌두교에서는 소를 아주 신성하게 모셔요. 소 안에는 모든 신들이 깃들어 있다고 믿지요.

소 중에서도 암소는 특히 중요하게 생각해요. 사람이 먹을 우유를 주기 때문에 어머니와 같은 존재라고 여기거든요. 심지어 암소로부터 나오는 우유·버터·오줌·똥까지도 신성하게 생각해요. 인도 사람들은 암소를 보거나 돌보면 행운을 얻고, 악으로부터 보호받는다고 믿는답니다.

힌두교의 윤회 사상에서 암소는 사람의 바로 아래 단계예요. 나쁜 악마에서 암소로 태어나려면 86번이나 새로 태어나야 하고, 암소는 한 번만 더 윤회하면 인간이 되지요.

이런 신성한 암소를 죽인 사람의 영혼은 처음부터 이 모든 과정을 다시 겪어야 한다고 여겨요.

힌두교? 이슬람교? 복잡한 카슈미르
- 힌두교와 역사

아주 옛날부터 인도에는 힌두교가 발달했어요. 그런데 900년경 이슬람교도들이 인도를 침략했지요. 이슬람교는 오랜 시간 인도를 지배했답니다. 이때 이슬람교도들은 힌두교 유적들을 파괴하고, 이슬람교로 종교를 바꾸라고 했지요. 이렇게 인도에서의 힌두교와 이슬람교의 갈등이 시작되었어요. 두 종교는 서로를 이해하지 못한 채, 아슬아슬하게 지내왔어요.

그러다 1947년 인도를 지배하던 영국이 물러가면서, 인도는 힌두교 중심의 인도와 이슬람교 중심의 파키스탄이라는 두 나라로 나뉘게 되었어요. 그러던 중 카슈미르 분쟁*이 시작되었지요. 카슈미르는 인도와 중국, 파키스탄의 경계에 있는 지역이에요.

카슈미르에 사는 사람 대부분은 이슬람교를 믿었어요. 그래서 이곳이 파키스탄에 속하길 바랐지만, 이곳의 힌두교를 믿는 지도자가 인도에 속하기로 결정해 버렸지요.

화가 난 카슈미르 이슬람교도들은 파키스탄의 도움을 받아 난리를 일으켰어요. 카슈미르 지도자는 인도에 도움을 요청했고, 이내 두 나라는 전쟁을 벌이게 되었지요.

1949년 유엔(UN, United Nations)*의 도움으로 인도와 파키스탄은 전쟁을 멈추기로 했어요. 카슈미르 북쪽 땅은 파키스탄이, 남

쪽은 인도의 영토로 삼기로 했지요. 그러던 1962년 중국이 카슈미르 동쪽을 공격해서 중국의 영토로 삼았지요. 그래서 지금 현재 카슈미르는 인도·파키스탄·중국이 지배하는 세 곳으로 나뉘었어요.

하지만 인도는 카슈미르 전체가 인도 땅이라며 돌려줄 것을 주장해 갈등이 계속되고 있지요.

카슈미르는 지금까지도 크고 작은 분쟁이 벌어져 세계에서 가장 위험한 지역의 하나로 손꼽히고 있답니다.

⭐ **분쟁** 시끄럽고 복잡하게 다툼
⭐ **유엔** 국제 평화와 안전을 위해 일하는 국제기구

수많은 신을 모시는 힌두교

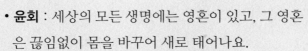

힌두교의 개념

- 힌두교는 '힌두의 종교'라는 뜻이에요.
- 세상에는 아주 많은 신이 존재한다고 어요.
- **윤회** : 세상의 모든 생명에는 영혼이 있고, 그 영혼은 끊임없이 몸을 바꾸어 새로 태어나요.
- **카스트** : 사람이 태어나면서 신분이 정해진다고 생각하는 제도예요. 브라만, 크샤트리아, 바이샤, 수드라로 나뉘었는데, 오늘날에는 법적으로 없어졌지요. 하지만 아직까지도 인도에 큰 영향을 미치고 있어요.
- 구루라고 하는 선생님에게 힌두교에 대해 배우고, 요가와 명상을 통해 수련해요.

힌두교와 세계 지리

- **갠지스강** : 인도의 북쪽을 흐르는 큰 강으로 강가 여신이 내려와 강이 되었다고 전해져요. 인도 사람들은 갠지스강에서 목욕을 하면 자신의 죄를 씻을 수 있다고 믿지요.

힌두교와 문화

• 락슈미 신을 기리는 디왈리 축제, 봄을 맞이하는 홀리 축제 등이 있
  어요.

• 소고기를 먹지 않고, 소를 신성하게 여겨요.

힌두교와 역사

• **카슈미르 분쟁** : 1947년 인도가 영국으
  로부터 독립하면서, 힌두교인 인도
  와 이슬람교인 파키스탄으로 나뉘
  었어요. 카슈미르는 주민 대부분이
  이슬람교를 믿지만, 인도 영토가
  되면서 분쟁이 시작됐지요. 이 지역
  때문에 인도와 파키스탄은 여러 차례 전쟁을 벌였어요.
  그 결과 인도·파키스탄이 이곳을 나눠 가지게 되었고, 얼마 뒤 중국이
  영토 일부를 빼앗아 총 세 나라가 이곳을 차지하게 되었지요. 하지만
  인도는 이곳이 온전히 인도의 영토라고 주장해요. 이곳은 오늘날까지
  가장 위험한 지역의 하나로 손꼽히고 있지요.

다양하고 재미난 힌두교의 여러 신들

힌두교에는 수많은 신이 있지만, 그 가운데 브라흐마·비슈누·시바 신을 대표 신이라고 생각한다고 했지요? 이 신들에 대해 알아볼까요?

힌두교 최고의 신, 브라흐마

네 방향을 향하고 있는 네 개의 머리와 네 개의 팔을 가진 모습으로 연꽃 위에 앉아 있는 신이에요. 세상을 만들었다고 해서 창조의 신이라고 불려요. 모든 힌두교 신들은 타고 다니는 동물이 있는데, 브라흐마는 지식과 지혜의 상징인 거위나 백조를 타고 다녀요.

사람들의 바람에 따라 3억 가지가 넘는 다양한 모습으로 변해 나타난다고 전해져요.

브라흐마

세상을 보호하고 지켜 주는 신, 비슈누

비슈누는 이 세상을 보호하고 유지하는 역할을 하는 신이에요. 세상의 질서와 정의를 지키고 착한 사람들을 지켜 주는 것이지요.

비슈누

세상에 큰일이 생기면 물고기·거북이·사람 등의 모습으로 사람들 앞에 나타난다고 해요. 그 가운데 가장 인기 있는 건 잘생긴 남자의 모습인 크리슈나예요.

참, 이렇게 신이 다른 모습으로 나타나는 것을 '아바타'라고 해요. 오늘날에는 사이버 세계에서 사용자의 역할을 대신하는 캐릭터를 아바타라고 부르기도 하지요.

파괴와 죽음의 신, 시바

파괴와 죽음을 담당하는 신이에요. 왠지 사람들이 싫어할 것 같다고요? 그렇지 않아요. 비슈누와 함께 가장 인기 있는 신이지요.

나쁜 것을 파괴하고 또 죽음을 통해 더 나은 모습으로 태어날 수 있도록 도와주기 때문이에요. 그래서 좋은 신으로 여겨진답니다.

황소를 타고 다니며 이마에는 무언가를 파괴할 때만 뜨는 제3의 눈이 있어요.

이 밖에 비슈누의 부인이며 아름다움·풍요·행운을 가져다주는 여신인 락슈미, 시바의 첫째 아들로 지혜와 번영을 상징하는 신 가네샤, 사람의 몸에 원숭이 얼굴과 꼬리를 갖고 있는 원숭이 신 하누만 등이 있답니다.

3 유대 민족의 종교, 유대교

유대 민족의 조상 아브라함

가디언이 다음으로 아이들을 데려간 곳은 어느 들판이었어요. 그곳에는 아주 나이가 많은 노인이 꼬마를 데리고 길을 가고 있었지요. 꼬마를 바라보는 노인의 표정은 몹시 슬퍼 보였어요. 누리는 노인에게 다가갔어요.

"할아버지는 누구세요?"

"난 아브라함이고, 이 아이는 내 아들 이삭이란다. 나이가 들어서도 아이가 없던 내 아내와 나에게 하느님께서 보내 주신 귀한 아이야. 난 하느님께 제물을 바치러 가는 길이라 좀 바쁘구나. 나중에 또 보자."

두루와 누리는 조용히 아브라함을 뒤따랐어요. 제단에 이르자 아브라함은 칼로 이삭을 죽이려 했어요.

"이게 무슨 짓이에요?"

누리가 놀라서 소리를 질렀어요. 그러자 아브라함이 슬픈 눈으로 말했어요.

"하느님께서 내 아들을 제물로 바치라고 말씀하셨어. 너무 슬프지만 하느님께서 하신 말씀이니 이유가 있을 거야. 난 세상에 하나뿐인 신, 하느님을 섬기기로 약속했어. 하느님께서는 내 자손들을 크고 강한 민족으로 만들고, 나라도 주시겠다고 약속하셨지. 난 그분의 말씀을 믿어."

아브라함은 다시 칼을 들어 올렸어요. 그런데 그때 천사가 나타났지요. 천사는 수풀에 걸린 양을 가리키며 말했지요.

"네 아들 대신 저 양을 제물로 바쳐도 좋다!"

아브라함은 양을 제물로 바치고 하느님께 감사의 기도를 올렸어요.

"저 사람이 바로 모든 유대 민족의 조상 아브라함이란다. 유대 민족의 역사는 모두 아브라함에게서 시작되었지. 하느님은 아브라함을 시험하기 위해, 아들을 제물로 바치라고 했어. 아브라함의 믿음이 진실한 것을 확인하자, 그 상으로 그의 자손들을 강한 민족으로 만들어 주었지. 저 꼬마 이삭은 자라서 야곱이라는 아들을 낳고, 그 아들은 다시 열두 명의 아들을 얻었어. 이 열두 명의 아들들이 유대 민족의 열두 종족이 되었단다."

"무슨 말인지 잘 모르겠어요."

"좀 복잡하지? 그럼 아브라함의 하느님은 어떤 신인지 그리고 아브라함으로부터 생긴 유대인들의 종교는 무엇인지 살펴보자꾸나."

세상의 신은 오직 한 분뿐이에요!
– 유대교의 개념

　아브라함은 일정하게 사는 곳이 없이 가축들을 이끌고 먹이와 물을 찾아 떠돌아다니던 사람이었어요. 이런 아브라함은 조금 특별한 구석이 있었어요. 이때 사람들은 대부분 신이 여러 명 있다고 생각했는데, 아브라함은 세상엔 신이 딱 한 명이라고 믿었거든요.

　왜 그런 생각을 하게 됐느냐고요? 어느 날 하느님이 아브라함 앞에 나타나 말했어요.

　"아브라함, 나를 유일한 신으로 여기고 내 말을 따르면 너의 후손들에게 축복을 내리겠노라."

이 말을 들은 아브라함은 하느님을 유일한 신으로 모시기 시작했지요. 아브라함은 하느님의 말씀을 따라, 사람들을 이끌고 가나안 땅으로 갔어요. 하느님은 가나안 땅을 아브라함과 그 후손에게 주겠다고 약속했지요. 가나안 땅은 바로 오늘날의 예루살렘이에요.

이렇게 아브라함과 그의 아들 이삭으로부터 유대 민족과 유대교의 역사가 시작되었답니다. 유대인들은 스스로를 하느님께 '선택받은 민족'이라고 생각하지요.

기독교·이슬람교의 뿌리, 유대교

기독교와 이슬람교는 모두 유대교를 바탕으로 생겨난 종교예요. 그래서 각각 다른 종교이지만 많은 공통점을 가지고 있어요.

세 종교는 모두 하나뿐인 신을 믿어요. 유대교에서는 '야훼', 기독교에서는 '하느님', 이슬람교에서는 '알라'처럼 각각 다르게 부를 뿐이지요.

유대교의 율법인 '토라'의 내용도 기독교와 이슬람교의 경전에 바탕이 되었어요. 신이 세상을 만든 이야기, 최초의 인류 아담과 이브 이야기 등 세 종교의 율법과 경전에는 같은 내용이 많이 등장해요.

모두 아브라함을 자기 민족의 조상으로 여긴다는 점도 같아요. 유대교와 기독교를 만든 유대 민족은 아브라함과 그의 아들인 이삭을 자신들의 조상으로 여겨요. 그리고 이슬람교를 만든 아랍 민족은 아브라함의 또 다른 아들인 이스마엘에게서 자신의 민족이 시작되었다고 믿지요.

율법으로 시작해 율법으로 끝나는 유대교

유대교에서 가장 중요한 것은 바로 하느님을 믿는 것이고, 그와 함께 중요한 것이 율법을 따르는 것이에요. 율법은 하느님이 내리신 말씀과 규범을 뜻하지요.

유대교에서 하느님의 말씀 즉 율법을 전한 사람은 '모세'예요. 아브라함과 함께 예루살렘으로 갔던 유대 민족은 심한 가뭄 때문에 이집트로 옮겨 갔어요. 하지만 힘이 약하고 수가 적어서 이집트의 노예가 되고 말았지요. 이때 모세는 하느님의 계시*를 들었어요. 유대 민족을 이끌고 예루살렘으로 되돌아가라는 것이었지요. 결국 모세는 유대 민족을 이집트로부터 탈출시켰어요. 이렇게 유대 민족을 이끌게 된 모세는 시나이산에서 또 한 번 하느님의 계시를 들었어요. 그것이 바로 유대교의 율법인 토라랍니다.*

토라에는 하느님께서 처음 세상을 만든 때부터 인류와 유대인들의 역사가 고스란히 담겨 있어요. 하느님께서 지키라고 하신 613가지의 규범도 들어 있지요.

유대교도들에게 토라는 아주 중요해요. 그래서 어릴 때부터 토라와 히브리어를 배워요. 토라가 히브리어로 적혀 있기 때문이에요. 또 모든 유대교 교회에서는 긴 두루마리에 손으로 쓴 토라를 한 권씩 보관한답니다.

⭐ **계시** 사람의 지혜로는 알 수 없는 사실을 신이 가르쳐 알게 함
⭐ 모세가 시나이산에서 계시를 받을 때, 십계명이 새겨진 돌 판도 함께 받았어요. 십계명에 대한 이야기는 66쪽에서 자세히 살펴보아요.

『탈무드』가 유대교의 경전이라고요?

유대교에서 율법을 가르치는 사람을 '랍비'라고 해요. 랍비는 스승이라는 뜻이지요.

『탈무드』는 랍비의 가르침을 모아 정리한 책이에요. 『탈무드』는 히브리어로 '연구', '배움'이라는 뜻이지요. 『탈무드』에는 토라에 대한 해설과 일상생활에서 지켜야 할 규범들, 그리고 랍비들이 가르치고자 하는 교훈 등이 담겨 있어요.

『탈무드』는 유대인들이 토라 다음으로 중요하게 여기는 책으로 그 생활과 문화에 깊이 자리 잡고 있답니다.

『탈무드』는 종교를 넘어서서 오늘날 세계인들에게도 중요한 문화유산이에요. 단순한 책이 아니라 수많은 지혜와 역사가 모여 이루어진 하나의 학문이라고도 할 수 있어요.

종교의 도시 예루살렘
– 유대교와 세계 지리

모세는 유대 민족을 이끌고 이집트를 탈출했어요. 하지만 예루살렘에 이르는 길은 멀고도 험했지요. 유대 민족은 40여 년간 힘들게 떠돌다 모세가 죽은 뒤에야 예루살렘에 도착했어요.

유대인들은 예루살렘에 성전을 짓고, 나라를 세웠지요. 하지만 기원전 600년경 바빌로니아인들이 쳐들어와 예루살렘을 빼앗았어요. 그 뒤 유대인들을 바빌로니아로 끌고 가 노예로 삼았지요.

약 50년 뒤 페르시아가 바빌로니아를 정복하면서, 유대인들은 예루살렘으로 돌아올 수 있었어요. 유대인들은 예루살렘에 전보다 더 크고 화려한 성전을 지었지요. 하지만 로마의 침략으로 다시 예루살렘을 빼앗기고 말았어요.

로마는 유대인들의 성전을 부수면서 서쪽 벽은 남겨 두었어요. 다시는 로마에 도전하지 말라는 경고였다고 해요. 이렇게 로마에 지배당한 유대인들은 결국 고향을 잃고 뿔뿔이 흩어지게 되었지요. 남겨진 서쪽 벽은 '통곡의 벽'이라고 불려요. 유대인들이 이곳에 찾아와 나라 잃은 슬픔에 통곡하고, 다시 성전을 지을 날을 그리며 눈물 흘렸기 때문이에요.

통곡의 벽은 유대인들에게는 가장 소중한 장소예요. 오늘날에도 유대인들은 통곡의 벽에서 하느님께 기도를 올리고, 소원을 적어 벽

통곡의 벽

틈에 끼워 놓기도 한답니다.

그런데 재미난 것은 예루살렘은 유대교뿐만
이 아니라 기독교, 이슬람교의 성지이기도 하다는 점이에요.

기독교에서 예루살렘은 예수가 십자가에 못 박혀 죽은 곳이며, 사
흘 만에 부활한 장소로 신성하게 여기는 곳이에요.

로마 다음으로 예루살렘 땅을 차지한 아랍인들도 이곳을 이슬람
교의 성지로 여기며, 이슬람 유적을 세웠지요.

이처럼 예루살렘은 다양한 종교 유적이 모여 있는 멋진 도시예요.
하지만 각 종교는 자신들의 성지가 있는 예루살렘을 차지하기 위해
오래전부터 다툼을 벌여 왔어요.

오늘날 예루살렘은 전쟁을 통해 이스라엘이 차지하고 있어요. 하
지만 세계의 여러 나라는 이를 인정하지 않지요.

유대교 문화 쏙쏙 보기
- 유대교와 문화

어떤 일도 해서는 안 되는 날, 안식일

금요일 저녁 해가 진 뒤부터 다음 날 오후까지를 안식일이라고 해요. 안식일에는 어떤 일도 해서는 안 돼요. 청소·요리·빨래 등도 하지 않지요. 그래서 안식일에 먹을 음식을 미리 만들어 둔답니다. 안식일에 유일하게 할 수 있는 일은 예배를 드리는 것뿐이에요. 금요일 저녁에는 기도를 하고, 토요일 오전에는 교회에 가서 토라를 읽어요.

유대교의 율법에 따른 정결한 음식

유대교의 율법에는 음식에 관한 내용이 많아요. 기본적으로는 정결한 음식을 먹어야 한다는 것인데, 정결하다는 것은 율법에 따른다는 거예요. 우선 돼지고기나 말고기는 먹지 않아요. 고기는 자격을 갖춘 사람이 죽여서 피를 완전히 없앤 것만 먹어요. 또 해산물은 지느러미와 비늘이 있는 것만 먹어요. 따라서 지느러미와 비늘이 없는 조개·오징어·새우 등을 먹지 않아요. 또 우유, 버터, 치즈 등 소에서 나온 유제품을 쇠고기와 함께 먹어서도 안 돼요.

유대교의 명절과 축제

역사가 긴 유대교에는 명절과 축제가 많아요. 그중에서도 유월절·오순절·초막절·속죄일은 가장 대표적인 명절이자 기념일이에요.

유월절　3월 말~4월 사이. 옛날 유대 민족이 이집트의 노예에서 벗어나게 된 것을 기념하는 날이에요. 조상들이 고생했던 것을 생각하며 발효되지 않은 딱딱한 빵을 먹어요.

오순절　모세가 시나이산에서 하느님으로부터 십계명과 토라를 받은 것을 축하하고 감사드리는 날이에요. 집을 꽃으로 꾸미고 토라를 읽지요. 유월절로부터 50일째 되는 날이기 때문에 오순절이라고 해요.

초막절　9~10월. 유대인들이 이집트를 탈출한 뒤 40여 년간 사막에서 떠돌며 초막을 짓고 살아야 했던 것을 되새기는 전통이에요. 초막은 지붕을 풀과 나무로 덮은 천막을 말해요. 정원이나 난간에 초막을 지은 뒤, 그 안에서 식사를 하고 잠을 자지요. 초막을 지을 장소가 없는 사람들은 교회에서 지은 초막에 가기도 해요.

속죄일　9월 말~10월 초. 유대인의 가장 큰 명절이에요. 하느님께 한 해 동안 자신들이 저지른 죄를 용서해 달라고 비는 날이지요. 이날 모든 유대인들은 음식을 먹지 않아요. 또 자신들이 상처를 준 사람을 찾아가 용서를 빈답니다.

슬프고 고된 유대인의 역사
- 유대교와 역사

유대 민족은 옛날부터 여러 민족의 침략을 받으며 힘겨운 시기를 보냈지요. 그러다 로마에 의해 완전히 나라를 잃고 흩어져 살게 되었어요. 뿔뿔이 흩어진 유대인들은 세계 곳곳에서 이방인이고 소수 민족이라는 이유로 탄압을 받았어요.

중세 이후 유럽에서는 유대인을 가두어 살게 하는 '게토'라는 지역이 있었어요. 1900년경 러시아에서는 큰 혁명이 일어났다가 실패했는데, 그 책임을 유대인에게 뒤집어씌워 많은 사람이 죽기도 했지요.

유대인의 힘겨운 역사 속에서 가장 손꼽히는 것은 제2차 세계 대전 때 일어난 '홀로코스트'예요.

독일의 지도자 히틀러는 독일인 즉 게르만 민족만이 우수하다는 생각을 가진 사람이었지요. 히틀러는 특히 유대인을 싫어했는데, 단지 유대인이라는 이유만으로 많은 사람들을 죽였답니다. 이때 600여 만 명의 유대인이 목숨을 잃었지요.

전 세계적으로 유명한 『안네의 일기』는

하늘에서 내리는 이 비가 꼭 유대인의 눈물 같아.

62

유대인 안네가 독일군을 피해 숨어 있을 때 쓴 일기지요.

하지만 유대인들은 오랜 세월 동안 나라 없이 흩어져 살고, 탄압을 받으면서도 하느님께 선택받은 민족이라는 자부심을 잃지 않았다고 해요.

유대인의 나라, 이스라엘

1945년 제2차 세계 대전이 끝났어요. 전쟁에서 이긴 나라들은 유대인들에게 나라를 되찾아 주기로 결정했지요.

1948년 유대인들은 2,000여 년간 떠나 있던 예루살렘에 '이스라엘'이라는 나라를 세웠어요. 전 세계의 유대인들이 다시 이스라엘로 모여들었지요.

그런데 문제가 생겼어요. 유대인들이 쫓겨난 뒤 이곳에 살던 사람들이 있었거든요. 이전까지 예루살렘에 살던 팔레스타인 사람들은 자신들이 살던 곳을 내줄 수 없다고 반발했어요.

결국 전쟁이 일어났고, 이스라엘과 팔레스타인 사이에는 1973년까지 4번의 전쟁이 벌어졌어요. 그리고 끝내 팔레스타인 사람들은 더 많은 영토를 잃고 흩어지게 되었지요.

지금은 어떻게 되었냐고요? 지금도 이스라엘과 팔레스타인은 크고 작은 전쟁을 계속하고 있어요. 계속되는 전쟁으로 많은 사람들이 다치거나 목숨을 잃고 있지요.

유대 민족의 종교, 유대교

유대교의 개념

- 유일한 신인 야훼를 믿으며, 유대인은 신이 선택한 민족이라고 여겨요.
- 율법을 지키며 사는 것을 매우 중요하게 생각해요.
- 토라와 탈무드를 통해 여러 가르침을 배워요.

유대교와 세계 지리

- **예루살렘** : 유대 민족에게 예루살렘은 하느님이 자신들에게 약속한 땅이며, 처음으로 성전을 세운 중요한 성지예요. 오늘날 유대교 성전은 서쪽 벽만이 남아 있어요. 이를 통곡의 벽이라고 하는데, 유대인들에게는 가장 소중한 장소이지요.

유대교와 문화

- **안식일** : 금요일 저녁 해가 진 뒤부터 다음 날 오후까지를 안식일이라고 해요. 안식일에는 어떤 일도 해서는 안 되고, 온 가족이 모여 예배를 드려요.
- **유대교의 명절과 축제**

- 유월절 : 유대 민족이 이집트의 노예에서 벗어나게 된 것을 기념하는 날
- 오순절 : 모세가 하느님으로부터 십계명과 토라를 받은 것을 축하하고 감사드리는 날
- 초막절 : 유대 민족이 이집트를 탈출한 뒤 사막에서 떠돌며 초막을 짓고 살아야 했던 것을 되새기는 날
- 속죄일 : 유대인의 가장 큰 명절로, 하느님께 한 해 지은 죄에 대해 용서를 비는 날

유대교와 역사

- **홀로코스트** : 나라 없이 뿔뿔이 흩어져 살던 유대인들은 오랜 세월 탄압을 받았어요. 그 가운데 손꼽히는 것은 제2차 세계 대전에 벌어진 홀로코스트예요. 독일의 지도자 히틀러는 단지 유대인이라는 이유로 약 600만 명의 생명을 빼앗았지요.
- **이스라엘** : 1948년 유대인들이 세운 나라

십계명과 계약의 궤

"예루살렘을 찾아가는 게 이렇게 고통스러울 줄 알았다면, 차라리 이집트의 노예로 남을 걸 그랬어."

모세가 유대 민족을 데리고 이집트를 탈출했어요. 하지만 이들은 사막을 떠돌며 힘든 시간을 보내야 했지요. 많은 사람들이 고통스러워하자, 모세는 시나이산으로 올라갔어요. 하느님이 앞길을 알려 주실 거라고 믿었기 때문이에요.

시나이산에서 모세는 하느님께 많은 말씀을 들었고, 이것은 유대인
들의 율법이 되었어요. 또 하느님은 열 개의 율법이 새겨진 돌 판도 내
려 주었지요. 이것이 바로 '십계명'이에요.

유대인들은 예루살렘에 도착할 때까지 오랜 세월 동안 이 돌 판을
커다란 나무 상자에 넣어 가지고 다녔어요. 이것을 '계약의 궤'라고 했
지요.

계약의 궤는 예루살렘에 지은 첫 성전에 보관되었어요. 하지만 바
빌로니아인들이 성전을 파괴하면서 계약의 궤도 사라져 버렸답니다.

십계명

1. 다른 신을 섬기지 말라.
2. 우상을 섬기거나 절하지
   말라.
3. 하느님의 이름을 함부로
   부르지 마라.
4. 안식일을 지켜라.
5. 부모를 공경하라.

6. 사람을 죽이지 말라.
7. 간음하지 말라.
8. 도둑질하지 말라.
9. 거짓말을 하지 말라.
10. 다른 사람이 가진 것을
    탐내지 말라.

4 전 세계 가장 많은 사람들이 믿는 종교, 기독교

마구간에서 태어난 아기

"고요한 밤~ 거룩한 밤~ 어둠에 묻힌 밤~."

"갑자기 캐럴은 왜 부르는 거예요? 크리스마스도 아닌데."

가디언은 알 듯 모를 듯 미소를 지었어요. 세 사람이 하늘로 떠오르자 하늘이 어두워졌지요. 멀리 별들이 아름답게 빛나고 있었어요. 그때 저기 아래에 배가 잔뜩 부른 임산부와 부축하고 있는 남자가 보였지요.

"날이 어두웠는데 방은 구하지 못했고, 이를 어쩌지?"

"아, 큰일이에요. 아기가 곧 나오려나 봐요."

그때 남자의 눈에 마구간이 보였지요. 잠시 뒤 그 마구간에서 아기가 태어났어요. 하늘에서 천사들이 내려와 이렇게 노래했지요.

"두려워 말라. 베들레헴에 구세주*가 나셨도다!"

그리고 며칠 뒤, 세 명의 점성술사*가 찾아왔어요.

"저희는 동방박사들입니다. 하늘의 별을 보고 이 땅에 구세주가 태어나셨다는 것을 알았지요. 아기 구세주께 저희가 가진 가장 귀한 것을 드리고 싶습니다."

동방박사들은 아기에게 황금, 유약, 귀한 약초를 바쳤어요.

"너희들, 저 아기가 누군지 모르겠니?"

가디언이 묻자 누리가 대답했어요.

"알아요! 예수님이죠? 저 모습을 그림으로 본 적이 있어요."

"나도 알아요! 이 이야기를 들은 적이 있거든요. 이번에 알아볼 종교는 기독교인 거죠?"

두루가 아는 체를 했어요.

"맞아. 그런데 이 아기가 유대인이라는 것도 알고 있니?"

"예수가 유대인이었다고요? 예수는 교회에 다니는 사람이 섬기는 사람 이잖아요. 유대인이라면 유대교를……."

가디언은 웃으며 대답했어요.

"저 아기 예수를 따라가 보면, 어떻게 된 일인지 알 수 있을 거야. 어서 가 보자."

⭐ **구세주** 모든 위험으로부터 인류를 구하는 이를 이르는 말
⭐ **점성술사** 별의 빛·위치 등을 통해 사람과 나라에 일어날 일을 점치는 사람

인류를 구하기 위해 온 하느님의 아들
- 기독교의 개념

약 2,000년 전 유대인들이 로마의 지배를 받던 때였어요. 어느 날 천사가 나타나 마리아에게 말했지요.

"하느님이 인간을 구원하기 위해 아이를 보내셨다."

그렇게 마리아는 아이를 가지게 됐고, 요셉과 함께 그 아이를 잘 키울 것을 약속했어요. 얼마 뒤 마리아는 베들레헴의 마구간에서 아이를 낳았지요. 그 아이가 바로 예수예요.

인간을 구원할 아기가 태어났다는 소식을 들은 헤롯왕은 자신의 자리를 잃을까 봐 두려웠어요. 그래서 새로 태어난 모든 사내아이를 죽이라고 명령했지요.

하지만 천사가 요셉에게 이 사실을 알려 주었어요. 요셉과 마리아는 예수와 함께 도망쳤다가, 헤롯왕이 죽고 난 뒤 다시 돌아왔답니다.

유대인들은 모두 유대교를 믿고, 율법을 지키며 살았어요. 예수 또한 유대인이었지만, 생각이 조금 달랐어요. 사람들을 고통스럽게 하는 율법은 반드시 지키지 않아도 된다고 생각했거든요.

예수는 아무것도 해서는 안 되는 안식일에 병자를 고치는 등 유대교 율법을 어기는 행동을 했어요. 또 곧이곧대로 율법을 지키는 것보다 이웃끼리 서로 사랑을 나누는 것이 더 중요하다고 했지요.

유대교도들은 이런 예수가 못마땅했어요. 사사건건 유대교의 잘 못을 들춰내고 율법을 가볍게 여기는 예수가 눈엣가시 같았지요. 그 들은 예수가 율법을 지키지 않았으며, 스스로가 하느님의 아들이라 말하며 하느님을 욕되게 한다고 비난했어요.

결국 예수는 하느님을 모욕했다는 이유로, 사형을 당하고 말았어 요. 커다란 십자가에 손과 발이 못 박혀 죽은 것이지요.

예수가 죽은 지 사흘이 지난 날, 믿을 수 없는 일이 일어났어요. 죽 은 예수가 되살아난 거예요. 다시 살아난 예수는 40일 동안 하느님 의 말씀을 전하다가 하늘로 올라갔다고 해요.

예수의 탄생과 관계있는 기원전, 기원후
흔히 연대를 이야기할 때 기원전 000년, 기원후 000년이라고 하지요? 이 말은 예수의 탄생과 관련이 있어요.
예를 들어 기원전 300년은 예수가 태어나기 300년 전이라는 뜻이고, 기원 후 600년은 예수가 태어난 뒤부터 600년 뒤라는 뜻이에요. 기원후는 다른 말로 서기라고도 하지요.
500년경 로마에서 처음으로 기원전과 기원후를 사용하기 시작했어요. 그 뒤 기독교를 믿는 나라를 중심으로 퍼져 나갔지요. 그 결과 우리나라는 물론 전 세계 대부분의 나라에서 기원전과 기원후로 연대를 구분하게 되었답니 다.

원수까지도 사랑하라!

유대교에서 믿는 하느님과 기독교에서 믿는 하느님은 같은 존재 예요. 하지만 유대교에서는 예수를 하느님의 아들로 인정하지 않고, 기독교에서는 인정하지요.

예수는 하느님이 모든 사람을 똑같이 사랑한다고 말했어요. 하느님을 믿으면 누구라도 죄를 용서받고, 죽은 뒤에 천국에서 살 수 있다고 했지요. 큰 죄를 지은 사람도 하느님을 믿고 용서를 빌면 구원 받을 수 있다고 말이에요.

이런 여러 가르침 가운데 예수가 가장 강조했던 것은 "하느님이 모두를 사랑하듯, 이웃을 사랑하라."는 것이었어요. 심지어 원수일지라도 사랑해야 한다고 가르쳤지요.

예수가 하늘로 떠난 뒤, 예수의 제자들은 말했어요.

"하느님이 자신의 아들인 예수를 보내어, 모든 죄를 짊어지고 죽도록 했다. 예수의 말씀을 믿고 따르면 그 죄가 사라질 것이다."

이들은 예수의 말씀을 기록하고 전하기 시작했지요.

로마에서 탄압받던 기독교! 로마의 국교가 되다

기독교는 예수를 하느님의 아들이자 인류를 구할 구세주라고 믿는 종교예요. 기독교는 예수가 죽은 다음에 만들어졌어요. 예수의 제자들이 사람들에게 예수의 말씀을 전하면서 기독교가 생겨났거든요.

처음 기독교가 생겼을 때는 많은 탄압을 받았어요. 이때 유대인들은 로마의 지배를 받았지요. 흔히 로마를 이탈리아의 수도로 생각하지요? 기원전 400년경의 로마는 세계 곳곳을 지배하는 대제국이었어요.

로마의 황제들은 기독교 세력이 커지는 것이 두렵고 못마땅했어요. 그래서 수많은 기독교도들의 목숨을 빼앗아, 기독교가 퍼지는 것을 막았지요. 하지만 기독교는 점점 더 널리 퍼져 나갔어요.

예수의 가르침이 신분이 낮고 가난한 사람들에게 희망을 주었기 때문이에요. 여성·노예·평민을 중심으로 기독교를 믿는 사람이 늘어났고, 차차 귀족들도 기독교를 믿기 시작했지요.

그러다 313년 로마 황제 콘스탄티누스 1세가 종교의 자유를 인정하는 '밀라노 칙령'을 발표했어요. 그렇게 기독교는 로마의 정식 종교로 인정받게 되었답니다. 더 이상 탄압받지 않게 된 기독교는 더 빨리 더 많은 지역으로 뻗어 나갔어요. 로마의 황제들도 기독교를 믿기 시작했지요.

결국 392년 테오도시우스 황제가 기독교를 로마의 국교*로 삼았어요. 기독교는 로마는 물론 로마가 거느렸던 식민지로까지 널리 전파되었어요.

★ **국교** 국가에서 법으로 정하여 온 국민이 믿도록 하는 종교

다양하게 나뉜 기독교

기독교는 세월이 흐르면서 여러 교파로 나뉘었어요. 교파란 '어느 종교 안에서 나누어진 집단'을 뜻하지요. 가장 대표적인 기독교 교파로 가톨릭(천주교), 정교회, 개신교가 있어요.

395년경 로마가 동로마와 서로마로 나뉘고, 1000년경에는 교회도 갈라졌어요. 동로마의 정교회, 서로마의 가톨릭으로 나뉘게 된 것이지요. 두 교파는 종교적·문화적으로 여러 차이가 있어요.

가톨릭에서는 교황을 아주 중요하게 생각해요. 교황은 예수를 대신해 뜻을 전하고 축복을 내려 주는 제일 높은 성직자이지요.

그런데 **정교회**에서는 교황의 무조건적인 권위를 인정하지 않았어요. 또 정교회에서는 성상*을 섬기는 것을 허락하지 않지요.

이렇게 갈라진 가톨릭은 1500년경 또 한 번 나뉘어요. **개신교**가 생겨난 것이지요. 이때 가톨릭은 예수의 가르침과 다르게 행동했어요. 교황이 함부로 힘을 휘두르고, 교회의 재산을 늘리기 위해 면죄부를 팔았지요. 면죄부란 돈이나 재물을 바치는 사람에게 죄를 없애 주겠다는 뜻으로 준 증서였어요.

이에 독일의 루터와 프랑스의 장 칼뱅 등은 가톨릭의 잘못을 지적하면서 새로운 교파를 만들었어요. 이 일을 '종교 개혁'이라고 하고, 이 교파가 개신교예요. 개신교에서는 교황의 권위를 인정하지 않는답니다. 참, 개신교에서는 하느님이 아니라 하나님이라고 해요.

★ **성상** 예수 또는 예수의 어머니인 마리아의 조각이나 그림

세계에서 가장 많이 팔린 책,『성경』

기독교의 경전은『성경』이에요.『성경』이 전 세계에서 가장 많이 팔린 책이라는 사실을 알고 있나요? 오늘날『성경』은 약 2,000개의 언어로 번역되어, 해마다 3,000만 권 이상이 새로 만들어진다고 해요.

『성경』은『구약 성경』과『신약 성경』으로 나뉘어요.『구약 성경』은 유대인에게서 전해진 것으로 아브라함과 모세 이야기, 십계명에 대한 내용이 같아요.

『신약 성경』은 기독교에만 있는 경전이에요. 예수의 제자들이 만들었지요. 예수의 삶과 하느님의 가르침이 담겨 있어요.

교황은 어떤 사람인가요?
예수의 열두 제자 중에 베드로라는 사람이 있었어요. 예수는 베드로가 교회를 세우게 될 것을 예언했고, 그 말대로 베드로는 초기의 기독교를 이끌고 교회를 세우는 데 큰 역할을 했지요. 베드로는 로마 교회의 초대 주교이자 제1대 교황이 되었어요.

가톨릭에서 일정한 구역을 담당하는 성직자를 주교라고 하는데, 그중에서도 중심이 되는 로마 교회의 주교를 교황이라고 해요. 그래서 가톨릭 신자들은 교황을 베드로의 후계자이자, 예수의 대리인이라고 여겨요. 교황은 전 세계 가톨릭을 이끄는 최고 지도자예요.

예수가 태어난 베들레헴, 죽은 예루살렘
– 기독교와 세계 지리

서남아시아 팔레스타인에 베들레헴이라는 도시가 있어요. 이곳은 예수가 태어난 곳으로 유명하지요.

요셉과 마리아는 원래 나사렛이라는 지역에 살았어요. 하지만 로마가 인구 조사를 위해서 모든 이에게 고향으로 돌아가라 명령해 베들레헴에 가게 됐지요. 그래서 예수가 이곳에서 태어난 것이에요.

이곳에는 예수의 탄생을 기리는 예수 탄생 교회가 있어요. 세계에서 가장 오래된 교회 가운데 하나이지요. 333년 완성되었다가 불에 타크게 망가진 것을, 531년 유스티니아누스 황제가 고쳐 지었어요.

베들레헴으로부터 약 9킬로미터 떨어진 곳에 예루살렘이 있어요. 예루살렘에는 기독교 유적이 많은데, 그 가운데 성묘 교회를 소개할게요.

성묘 교회는 예수가 십자가에 못 박혀 죽은 곳이자 사흘 만에 부활한 곳이에요. 기독교도들이 가장 신성하게 여기는 장소이지요.

예수 탄생 교회

세계에서 가장 작은 나라, 바티칸 시국

바티칸 시국은 교황이 다스리는 나라로, 세계에서 가장 작은 나라예요. 이탈리아의 수도 로마 안에 자리하고 있지요.

바티칸 시국은 도시 전체가 거대한 박물관과도 같아요. 곳곳에 가톨릭을 대표하는 유적들이 가득하지요. 그 때문에 이곳은 전 세계에서 몰려드는 관광객으로 언제나 북적거린답니다.

성 베드로 대성당 : 가톨릭의 정신적인 수도이자 성지예요. 교황은 이곳 도서관 발코니에서 전 세계 신자를 향해 연설한답니다.

성 베드로 광장 : 6만 명이 동시에 들어갈 수 있는 큰 광장이에요. 많은 사람들이 교황의 연설을 듣고, 함께 예배를 드리기 위해 찾아와요.

시스티나 성당 : 이탈리아의 화가·조각가인 미켈란젤로의 작품 〈최후의 심판〉, 〈천지창조〉를 비롯한 유명한 작가들의 벽화를 볼 수 있는 곳이에요. 교황을 뽑는 선거 등 가톨릭의 중요한 의식을 많이 치르는 장소이기도 하지요.

전 세계가 축하하는 예수의 생일, 크리스마스
- 기독교와 문화

　12월 거리의 모습을 생각해 보세요. 곳곳에 예쁜 크리스마스트리와 장식, 신 나는 캐럴이 떠오르지요? 많은 사람들이 12월이 되면 크리스마스를 기다려요. 그런데 크리스마스가 기독교의 기념일이라는 것, 알고 있나요?

　기독교에서 크리스마스를 기념하기 시작한 것은 200년경부터라고 해요. 예수의 탄생을 축하하며 그 기쁨을 나누기 위해 선물을 주고받았지요. 오늘날에는 기독교를 믿지 않는 사람들 가운데도 크리스마스를 기다리고 즐기는 경우가 많아요. 소중한 사람과 함께 신 나는 시간을 보내고 선물을 나누지요.

참, 이 사람을 빼놓을 뻔했어요. 크리스마스이브에 어린이들에게 선물을 나누어 주는 산타클로스 말이에요. 산타클로스는 부모가 아이들에게 선물을 주던 북유럽의 풍습이 미국에 퍼지면서 생긴 이야기랍니다.

예수가 되살아난 것을 기념하는 부활절

부활절은 기독교의 가장 큰 기념일이에요. 십자가에 못 박혀 죽었던 예수가 되살아난 것을 기념하는 날이기 때문이에요.

부활절은 매년 날짜가 바뀌어요. 보통 3월 22일에서 4월 26일 사이지요.

이날 기독교도들은 예배를 드리고, 어려운 이웃을 위해 모금을 해요. 새로운 생명을 상징하는 달걀에 소망을 담은 그림을 그려 선물하기도 하지요. 또 아름다움과 순수함을 상징하는 백합으로 곳곳을 장식하고, 희생을 뜻하는 동물인 양으로 만든 음식을 먹으며 부활절을 기념해요.

부활절 토끼

요즘 어린이들에게는 부활절 토끼(Easter Bunny)가 아주 인기 있어요. 부활절에 어린이들에게 부활절 달걀을 가져다준다는 전설 속의 토끼지요.

하느님이 허락한 전쟁? 십자군 전쟁

– 기독교와 역사

교황 보시오.

이슬람교가 기독교의 성지인 예루살렘을 차지한 뒤,

우리 기독교도들의 성지 순례*를 방해하고 있소.

그뿐만이 아니라 동로마를 끊임없이 침입하니 살 수가 없소.

부디 우리를 도와주시오.

⭐ **성지 순례** 어떤 종교의 성지를 찾아가 신을 모시는 일

교황은 동로마 황제로부터 이와 같은 편지를 받았어요. 기독교의 성지를 이슬람교에 빼앗긴 것도 억울한데, 성지 순례까지 못 하게 하다니! 교황은 크게 화가 났지요. 그래서 기독교 여러 국가들의 힘을 모아서, 1096년 성지 예루살렘을 되찾기 위한 전쟁을 시작했어요. 이것이 바로 '십자군 전쟁'이지요. 전쟁에 참가한 기사들이 가슴에 십자가 표시를 했기 때문에 이런 이름이 붙었어요.

십자군 전쟁은 인류의 역사에서 가장 길고 잔인한 전쟁으로 손꼽혀요. 무려 200년에 걸쳐 여덟 번이나 계속됐거든요. 1차 십자군 전쟁은 기독교가 승리했어요. 하지만 이내 다시 예루살렘을 빼앗겼고, 나머지 일곱 번은 예루살렘에 도착하지도 못하고 실패하고 말았지요.

이 전쟁을 치르는 동안 엄청나게 많은 사람들이 목숨을 잃었어요. 십자군은 자신들이 정복한 곳에 사는 사람들을 마구 죽였어요. 또 3만 명의 소년들이 예루살렘에 가기 위해 배를 타고 떠났는데, 소년들이 도착한 곳은 이집트였어요. 욕심 많은 배 주인이 소년들을 노예로 팔아 버린 것이었죠. 이 와중에 폭풍우까지 만나 수많은 소년들이 바다에 빠져 죽었다고 해요.

성지를 찾겠다는 핑계로 수많은 사람을 죽음으로 몰아넣은 십자군 전쟁. 과연 하느님이 이런 방식으로 성지를 되찾길 원하셨을까요?

전 세계 가장 많은 사람들이 믿는 종교, 기독교

기독교의 개념

- 유일한 신인 하느님을 섬기고, 그의 아들 예수를 구세주로 믿는 종교예요.
- 서로 사랑하며 착하게 행동할 것을 강조해요.
- 기독교는 크게 가톨릭, 정교회, 개신교로 나뉘어요.

기독교와 세계 지리

- **베들레헴** : 예수가 태어난 곳이에요. 예수 탄생 교회가 있어요.
- **예루살렘** : 예수가 십자가에 못 박혀 죽은 곳이자, 부활한 장소예요. 대표적인 유적지로 성묘 교회가 있어요.
- **바티칸 시국** : 가톨릭의 최고 지도자 교황이 사는 곳으로, 세계에서 가장 작은 나라예요. 수많은 가톨릭 유적과 미술 작품 등 문화유산이 있어요.

기독교와 문화

- **크리스마스** : 12월 25일로 예수의 탄생을 기념 하는 날이에요. 오늘날에는 기독교인뿐만이 아니라 전 세계 사람들이 즐거운 시간을 보내 는 특별한 날이 되었지요.
- **부활절** : 예수가 십자가에 못 박혀 죽은 뒤, 사흘 만에 다시 살아난 것 을 기념하는 날이에요.

기독교와 역사

- **십자군 전쟁** : 서유럽의 기독교도들이 이슬람교에 빼앗긴 성지 예루살 렘을 되찾는다는 이유로 벌인 전쟁이에요. 1096년부터 약 200년간 벌 어졌고, 수많은 사람이 목숨을 잃었지요.

우리나라 기독교의 역사를 찾아서

우리나라에 가톨릭이 들어오기까지

우리나라에는 가톨릭이 먼저 들어왔어요. 우리나라에서 가톨릭을 천주교라고도 해요. 그 이유는 우리보다 먼저 가톨릭을 전해 받은 중국에서 하느님을 천주라고 불렀고, 우리가 그것을 그대로 받아들였기 때문이에요.

우리나라의 첫 천주교도는 이승훈이에요. 1784년 중국에서 세례★를 받고 돌아와, 천주교를 공부하던 여러 사람들과 천주교를 전파하기 시작했지요. 하지만 이내 나라에 들켜, 목숨을 잃고 말았어요. 이때 조선에는 신분 제도가 있었는데, 천주교에서는 모든 사람이 평등하다고 말하고 제사를 지내지 않는 등 조선의 문화와 많이 달랐기 때문이에요. 이 때문에 나라에서는 천주교를 믿지 못하게 했어요. 이승훈뿐만이 아니라 많은 사람들이 천주교를 믿는다는 이유로 죽임당했지요.

천주교도들은 100년이 넘도록 박해★를 받다가 1887년 조선과 프랑스가 조약을 맺으면서 마침내 인정받게 되었답니다.

★ **세례** 기독교를 처음 믿는 사람에게 베푸는 의식
★ **박해** 못살게 굴어서 해롭게 함

우리나라에 개신교가 들어오기까지

개신교는 1800년대 말 선교사들이 우리나라에 오면서 전해졌어요. 가톨릭이 처음 전해질 때보다는 조금 더 자유로운 분위기여서, 박해를 받지 않고 활동할 수 있었지요.

선교사들은 병원을 세워 아픈 사람을 치료하거나, 학교를 만들어 학생들을 가르치면서 종교를 전파했어요. 우리나라 최초의 서양식 병원인 '광혜원'도 미국에서 온 선교사 알렌이 세웠지요.

우리나라 최초의 개신교 교회는 1887년에 만들어졌어요. 그 뒤 차츰 전국으로 퍼져 나갔지요. 선교사들은 한글로 된 성경을 만들어 글을 모르는 사람들이 글을 배우는 데 도움을 주고, 어려운 이들을 돕는 등 다양한 활동을 했답니다.

5 알라를
따르는 사람들,
이슬람교

대천사를 만난 무함마드

"앗 여긴 어디에요? 엄청 화려해요!"

가디언은 순식간에 두루와 누리를 다른 장소로 데리고 왔어요.

"우아, 신기한 물건들이 엄청 많아요. 이건 향신료인가?"

"여긴 아라비아의 도시 메카야. 상인들로 북적이는 곳이지."

그때 한 남자가 스쳐 지나갔어요. 가디언이 급하게 말했지요.

"앗! 저 사람을 놓치면 안 돼! 어서 따라가자."

남자는 도시를 벗어나 산으로 갔어요. 그리고 조용히 생각에 잠겼지요. 그때 하늘에서 대천사 가브리엘이 나타나 글자들이 수놓인 보자기를 내밀며 읽으라고 말했어요.

"저는 글을 읽을 줄 모릅니다."

"이것은 하느님의 뜻이니 너는 읽을 수 있게 될 것이다."

대천사의 말이 끝나자 무함마드는 글을 읽을 수 있게 되었어요.

"무함마드, 너는 알라의 예언자가 될 것이다. 나는 너에게 단 한 분의 위대한 신, 알라가 계시다는 것을 알리기 위해 왔노라. 알라는 세상 모든 것을 만들고 다스리는 신이시다. 너는 알라의 말씀을 전하기 위해 선택되었다. 세상 사람들에게 알라의 뜻을 알리거라."

대천사를 만나고 난 뒤 무함마드는 집으로 돌아갔어요. 모든 얘기를 들

은 아내는 그를 안으며 기쁘게 말했지요.

"당신은 위대한 예언자가 될 거예요!"

그 모습을 모두 지켜본 뒤, 가디언이 말했어요.

"저 사람이 바로 이슬람교를 만든 무함마드란다."

"네? 저 사람이 그 무서운 종교를 만든 사람이라고요?"

"무서운 종교라고? 그건 이슬람교를 잘 모르는 사람들의 오해야. 이슬람교에 대해 자세히 알고 나면 그런 말은 하지 않게 될 거란다. 무함마드의 이야기를 좀 더 들어 보겠니?"

가디언은 두루와 누리를 메디나라는 도시로 데려갔어요. 그곳에서 무함마드는 알라의 말씀을 전하고 있었지요. 많은 사람들이 모여들어 그의 말을 주의 깊게 들었어요. 두루와 누리도 슬쩍 그 틈에 끼어 앉았답니다.

알라의 뜻을 전하는 예언자, 무함마드
– 이슬람교의 개념

무함마드는 570년경 아라비아의 메카에서 태어났어요. 메카는 사막 지역이지만, 오아시스가 있어 다양한 사람들이 모여들었어요. 특히 사막을 돌아다니며 장사를 하는 상인들이 많았지요.

메카는 유대교도와 기독교도를 비롯해 다양한 신을 모시는 사람들로 북적였어요. 메카 사람들은 누가 어떤 종교를 믿든 신경 쓰지 않았지요. 오히려 다양한 사람들에게 물건을 팔 수 있어 좋아했어요.

무함마드는 어느 날 대천사 가브리엘을 통해 알라의 계시를 받게 됐지요. 그 뒤 무함마드는 사람들에게 알라의 뜻을 전하기 시작했어요. 이것이 바로 이슬람교의 시작이에요.

수니파는 뭐고, 시아파는 뭐지?

칼리프는 이슬람교에서 종교와 정치적인 권력을 모두 가진 지도자를 뜻하는 말이에요. 칼리프는 무함마드의 대리자, 후계자라는 뜻이지요.

무함마드가 죽은 뒤 누가 칼리프가 될 것인가 하는 문제가 생겼는데, 이때 이슬람교에서 가장 유명한 교파 '수니파'와 '시아파'가 생겨났어요.

수니파는 종교적으로 자격을 갖춘 사람을 칼리프로 뽑았고, 시아파는 무함마드의 사촌이자 사위인 알리를 칼리프라고 여겼어요. 오늘날 이슬람교에서 수니파는 약 90%, 시아파는 약 10%를 차지하고 있답니다.

무함마드는 "알라는 이 세상의 유일한 신이며, 다른 신은 없다."고 했어요. 다른 종교를 믿는 사람들은 무함마드를 싫어했지요. 메카의 상인들은 무함마드 때문에 사람들이 메카를 떠나 장사를 못하게 될까 봐 불안해했어요. 결국 무함마드는 메카에서 쫓겨났고, 이슬람교도들을 이끌고 메디나로 향했지요. 이들은 이내 힘을 키워 메디나는 물론 메카까지 지배하게 됐어요.

　그 뒤 얼마 지나지 않아 아라비아반도 대부분을 이슬람 사회로 만들었어요. 무함마드는 아라비아의 이슬람교 전체를 아우르는 지도자가 되었지요. 이렇게 이슬람교를 만든 무함마드는 예순세 살의 나이에 세상을 떠나 메디나에 묻혔답니다.

이슬람교 살펴보기

무함마드는 알라가 유일한 신이라고 했어요. 그런데 알라는 아랍 어로 그냥 '신'이라는 뜻이에요. 여기에서 신이란 하느님이지요. 유대교와 기독교에서 믿는 그 하느님 말이에요. 단지 알라라고 다르게 부르는 것뿐이랍니다.

하느님을 모신다는 뿌리는 같지만 이슬람교는 유대교·기독교와 달라요. 이슬람교에서는 신의 말씀이 예언자를 통해 세상에 전해졌다고 믿어요. 그 예언자 가운데는 아브라함, 모세, 예수 등도 포함되지요. 그리고 무함마드가 신의 마지막 예언자라고 여겨요.

이슬람교는 오늘날의 이란, 사우디아라비아 등이 있는 서남아시아 지역을 중심으로 퍼져 나갔어요. 오늘날에도 이 지역을 중심으로 이슬람교를 믿는 나라가 많은데, 전 세계적으로도 이슬람교도가 널리 퍼져 있어요.

이슬람교는 나쁜 종교가 아니에요. 우리를 나쁘게 생각하지 마세요.

이슬람교는 기독교, 불교와 함께 세계 3대 종교로 꼽히지요. 그런데 이슬람교가 테러*를 일으키는 나쁜 종교라고 생각하는 사람이 많아요.

하지만 그건 오해예요. 이슬람교를 믿는 사람 가운데 테러를 일으킨 단체가 있는 것은 사실이지만, 대부분의 이슬람교도는 알라를 믿는 선한 사람들이랍니다.

⭐ **테러** 폭력을 써서 적이나 상대편에게 해를 가하는 행동

이슬람교를 떠받치는 다섯 개의 기둥

　이슬람교에서 '다섯 개의 기둥'이라고 부르는 것이 있어요. 알라께서 주신 과제로 기둥이 건물을 떠받치듯 이슬람교를 지탱하는 계율이지요. 이슬람교를 믿는 사람이라면 반드시 지켜야 하는 내용을 담고 있답니다.

첫째 기둥 '샤하다'
'알라 외에 다른 신이 없으며, 무함마드는 알라의 예언자다.'라고 신앙 고백을 해요. 갓 태어난 아기가 처음 듣는 말도, 그리고 죽을 때 마지막으로 하는 말도 이 문장이에요.

둘째 기둥 '살라트'
하루에 다섯 번 메카를 향해 기도를 올려요. 이른 아침, 정오, 오후, 저녁, 그리고 자기 전에 하던 일을 멈추고 절을 올리고 기도를 하지요.

셋째 기둥 '자카트'
가난한 사람들에게 자신의 것을 나누어 줘요. 신이 우리에게 베풀어 준 것처럼 다른 사람에게 친절을 베풀어야 한다고 여기거든요.

넷째 기둥 '사움'
욕심으로부터 멀어지고 바르게 살기 위한 마음을 담아서 라마단 기간에 단식을 해요. 한 달 동안 해가 떠 있는 시간에는 먹지 않지요. 하지만 해가 지면 음식을 먹을 수 있어요.

다섯째 기둥 '하지'
일생에 한 번은 꼭 메카에 가야 해요. 메카는 무함마드가 태어난 곳이자 알라가 무함마드에게 계시를 내린 곳이에요. 이슬람교도의 성지이지요.

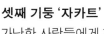

이슬람교 유적 살펴보기
– 이슬람교와 세계 지리

이슬람교의 성지, 메카

무함마드가 태어난 메카는 오늘날의 사우디아라비아에 속한 도시예요.

이곳에는 이슬람 민족의 시조인 아브라함과 그의 아들 이스마엘이 지었다고 전해지는 카바 신전이 있지요.

메카는 이슬람교도에게 가장 중요한 성지예요. 일생에 한 번은 반드시 이곳을 순례해야 한다는 규율이 있을 정도지요.

해마다 순례 시기가 되면 2백만 명 이상의 이슬람교도들이 카바 신전이 있는 광장으로 모여들어요. 카바 신전은 광장 가운데 자리하고 있는데, 검은 천으로 덮여 있지요. 이슬람교도들은 경건한 마음으로 카바 신전 둘레를 일곱 바퀴 돌아요.

카바 신전

순례가 끝나면 '속죄양의 축제'라는 큰 축제가 열려요. 아브라함이 자신의 아들 대신 알라께 양을 바친 것을 떠올리며 양고기를 먹지요. 이슬람교에서는 아브라함이 이삭이 아니라 이스마엘을 하느님께 바치려 했다고 믿는답니다.

서유럽의 이슬람 문화, 알람브라 유적지

에스파냐 남부 지역은 아랍과 유럽의 문화가 함께 있는 매력적인 곳이에요. 그중에서도 그라나다는 '알람브라 유적지'로 매우 유명해요. 알람브라 유적지는 서유럽 최고의 아랍 유적지예요.

이슬람교도들은 700년경 유럽 남서쪽을 지배했어요. 그러다가 가톨릭 세력에 밀려 그라나다까지 오게 됐지요. 이들은 이곳에 궁전을 짓고 지배했는데, 이 궁전이 바로 알람브라 궁전이에요. 알람브라 궁전이 있는 일대를 알람브라 유적지라고 해요.

알람브라 궁전은 이슬람 문화를 잘 보여 주지요. 이슬람교 경전인 『코란』의 구절들이 새겨진 화려한 벽, 열두 마리의 사자 조각상이 받치고 있는 화려한 분수, 세련된 조각과 아름다운 문양으로 장식된 기둥, 화려한 천장 등이 그것이에요.

만약 이슬람교를 믿는 친구를 만난다면?
– 이슬람교와 문화

이슬람교를 믿는 사람을 '무슬림'이라고 해요. 무슬림은 '알라를 믿고 그 뜻에 복종하는 사람'을 뜻하지요. 무슬림들은 생활 속에서 다양한 규범들을 엄격하게 지켜요. 무슬림들이 따라야 할 규칙은 모두 이슬람교의 경전인 『코란』에 담겨 있어요. 『코란』은 이슬람교도의 삶이고 또 문화랍니다.

만약 이슬람교를 믿는 친구를 만난다고 상상해 보세요. 다양한 규범들을 엄격하게 지키는 무슬림 친구에게 실수하지 않으려면, 중요한 몇 가지 규범에 대해 알아 두어야겠지요?

알고 있으면 좋은 이슬람 규범

1 돼지고기를 먹지 않아요. 다른 고기들을 먹을 때에도 자격을 갖춘 사람이 동물을 죽여, 피를 깨끗이 빼낸 것만 먹을 수 있어요.

2 깨끗한 곳에 카펫을 펴고 하루 다섯 번 정해진 시간에 기도를 해요.

3 여성들은 외출을 하거나 가족이 아닌 남자 앞에서는 히잡·차도르 같은 베일을 써요. 여성이나 가족들만 있는 집에서는 쓰지 않아도 돼요.

삼겹살

철자 하나도 바꾸면 안 되는 『코란』

『코란』은 철자 하나도 바꾸거나 덧붙일 수 없어요. 알라의 말씀을 함부로 바꾸면 안 된다고 생각하기 때문이에요.

『코란』은 아랍어로만 쓰게 되어 있고, 다른 나라 말로 번역하는 것을 허락하지 않았어요. 신이 하신 말씀이 잘못 해석되거나 덧붙여지고, 삭제되는 것을 막기 위해서지요. 하지만 오늘날에는 이슬람교가 많은 나라로 전해졌기 때문에 다른 나라 말로 번역하기도 해요. 번역을 할 때는 반드시 아랍어로 된 원문*이 함께 실려야 해요. 번역된 『코란』은 정식 『코란』으로 인정하지 않고, 해석본이라고 여겨요.

해가 떠 있을 땐 아무것도 먹을 수 없는 '라마단'

'라마단'은 이슬람교 달력으로 아홉 번째 달의 이름이에요. 해마다 10여 일씩 빨라져서 라마단 기간이 때로는 여름이 되고, 겨울이 되기도 해요.

무함마드가 대천사에게 알라의 계시를 받은 달을 기념해 그 기간 동안 금식을 하는 거예요. 더러운 것을 씻어 내고 깨끗이 한다는 의미에서 음식을 먹지 않지요.

라마단 기간에는 해가 떠 있는 낮에는 음식을 먹지 않고, 해가 진 뒤에만 먹어요. 하지만 어린아이와 임산부, 환자, 여행자들은 음식을 먹을 수 있지요.

⭐ **원문** 본래의 글

이슬람교를 대표하는 오스만 제국
– 이슬람교와 역사

무함마드가 죽은 뒤 이슬람 세력은 빠르게 퍼지며 힘을 키웠어요. 여러 나라가 생기고 사라지기를 반복하면서 영토를 넓혔지요. 역사 속 이슬람 국가 가운데 가장 번성했던 나라는 오스만 제국이에요.

유럽, 아시아, 아프리카까지 손에 넣었다! 오스만 제국 만세!

오스만 제국은 오늘날 터키 땅에 있던 나라예요. 초원 지대에서 생활하던 유목 민족인 오스만 튀르크족이 동로마 제국을 정복한 뒤 세웠지요. 발전을 거듭하던 오스만 제국은 1600년대 가장 번성했어요. 북아프리카와 유럽 일부, 서아시아를 지배하는 대제국이 되었지요.

오스만 제국에서는 온갖 물건을 살 수 있어!

이때 오스만 제국은 찬란한 이슬람 문화를 꽃피웠어요. 천문·지리·수학·금속 가공술 등 학문은 물론 상업과 무역이 크게 발달했지요. 이슬람 문화는 세계 여러 나라에 영향을 미쳤어요. 그 대표적인 예가 아라비아 숫자예요.

아라비아 숫자는 인도인들이 만들었지만 아랍 상인들이 무역을 하면서 전 세계에 퍼지게 되었답니다.

하지만 오스만 제국에도 위기가 찾아왔어요. 영국·프랑스·러시아 등이 영토를 빼앗기 위해 기회를 엿보았고, 나라 안에서는 독립을 원하는 민족들이 많았어요.

이렇게 나라 안팎으로 복잡해지자 점차 영토가 줄어들었지요. 그러다 제1차 세계 대전이 일어났고, 이 전쟁에 참가했다가 지면서 오스만 제국은 무너지고 말았어요. 그 뒤를 이어 오늘날의 터키가 건국되었답니다.

알라를 따르는 사람들, 이슬람교

이슬람교의 개념

- 유일한 신인 알라를 믿고, 무함마드가 알라의 말씀을 전하는 마지막 예언자라고 생각해요.
- 다섯 개의 기둥 : 이슬람교를 받치는 다섯 개의 중요한 규율로, 이슬람교도라면 꼭 지켜야 해요.

> ① 신앙 고백하기   ② 하루에 다섯 번 기도하기
> ③ 가난한 사람들에게 자기 것 나눠 주기   ④ 라마단 기간 동안 단식하기
> ⑤ 일생에 한 번은 메카 순례하기

이슬람교와 세계 지리

- **메카** : 이슬람교의 가장 중요한 성지예요. 무함마드가 태어난 곳이고, 처음으로 알라의 계시를 받은 곳이지요. 카바 신전이 있는 곳이기도 해요.
- **알람브라 유적지** : 에스파냐 그라나다 지역에 있는 이슬람 유적지예요. 이슬람 왕조가 서유럽에 세운 문화 유적이지요. 『코란』의 내용이 새겨진 화려한 벽, 사자 조각상이 받치고 있는 분수 등이 아름답지요.

이슬람교와 문화

- **무슬림** : 이슬람교도를 가리키는 말이에요. 술과 돼지고기를 먹지 않고, 여자들은 외출할 때 베일을 써요. 하루에 다섯 번 기도를 올리고, 라마단 기간에는 금식을 해요. 이 밖에도 많은 규율들이 있지요.
- **『코란』** : 무함마드가 알라께 계시받은 말씀과 지켜야 할 계율이 적힌 이슬람교의 경전이에요.

이슬람교와 역사

- **오스만 제국** : 이슬람 왕조 중 가장 번성했던 왕조예요. 1600년대 가장 발전했는데, 북아프리카·유럽 일부·서아시아를 지배했지요. 천문·지리·수학·금속 가공술 등 학문은 물론 상업과 무역이 크게 발달했고, 세계 여러 나라에 영향을 미쳤어요.

 이슬람교에 대한 진실 혹은 거짓

이슬람교에서는 여성을 차별한다?

　이슬람 여성들이 베일을 쓰는 것은 오래전부터 전해 내려온 관습이에요. 여성의 자유를 빼앗는 나쁜 문화라고만 볼 수 없지요.

　물론 이슬람교를 믿는 나라 가운데 여성을 차별하고, 자유롭게 살지 못하게 하는 곳도 있어요. 하지만 그것은 그 나라의 잘못된 법 때문이에요. 이슬람교에서는 여성을 억압하거나 차별하지 않지요. 『코란』에서는 남자와 여자가 평등하다고 가르쳐요.

이슬람교 남자는 여러 명의 여자와 결혼할 수 있다? ◎

　여러 부인을 두는 것은 이슬람교를 주로 믿는 서남아시아의 오래된 문화예요. 옛날에는 전쟁이 많았고, 만약 여자가 남편을 잃을 경우 먹고 살기가 매우 어려웠기 때문에 이런 문화가 생겼어요. 하지만 오늘날에는 여러 명의 부인을 두는 경우가 많지 않다고 해요.

이슬람교는 테러를 일으키는 종교다?

2009년 미국에서 아주 슬픈 일이 일어났어요. 테러범들이 비행기를 납치해 미국 뉴욕의 세계 무역 센터 건물로 돌진한 거예요. 이 일로 비행기에 타고 있던 사람들과 건물 안에 있던 사람 3,500여 명이 목숨을 잃었답니다.

이 사건 후 많은 사람들이 이슬람교는 테러를 일으키는 무섭고 나쁜 종교라고 오해해요. 이슬람교를 믿는 단체가 이 일을 저질렀기 때문이지요.

오늘날 테러를 일으키는 잘못된 방법으로 자신들의 목소리를 내는 이슬람 단체가 있는 것은 사실이에요. 하지만 이슬람교는 사실 평화를 사랑하는 종교예요.

『코란』에는 무함마드가 다른 종교를 가진 사람들과 싸움을 벌인 이야기가 들어 있어요. 하지만 흔히 오해하는 것처럼 '한 손에는 칼, 한 손에는 코란'이라고 말하며 마구 전쟁을 일으키는 것은 아니에요. 자신들의 신앙이 위협을 받거나 먼저 공격을 받았을 때만 전쟁에 나섰지요. 십자군 전쟁처럼 말이에요.

『코란』에는 "누군가 한 사람을 죽인다면 그는 전 세계 모든 사람을 죽인 것이다."라는 말이 있어요. 폭력과 살인을 반대하는 말이지요.

6 누구나 부처가 될 수 있다고 믿는 불교

왕궁을 떠난 왕자, 싯다르타

가디언은 두 아이를 한 왕궁으로 데려왔어요.

"이번엔 어떤 신을 만나는 거예요? 설마 또 하느님은 아니겠죠? 계속 하느님 얘기만 했더니 조금 지쳤다고요."

"이번에 공부할 종교에는 신이 없어."

"신이 없어요? 그럼, 예언자를 만나는 건가요? 이슬람교처럼 말이에요."

"아니, 예언자도 없어. 지금 우리가 만날 사람은 그냥 왕자야. 여긴 왕궁 이거든. 좋은 것만 보고 자란 왕자!"

"왕자라니, 멋있겠는데요?"

“쳇, 예쁜 공주라면 좀 기대해 볼 텐데. 왕자라니 마음에 안 들어!”

두루와 누리는 왕궁을 둘러보았어요. 왕궁 안은 평화롭고 행복해 보였
지요.

“아, 여기에 살고 싶다!”

누리의 말이 떨어지기 무섭게 저쪽에서 누군가 중얼거렸어요.

“아, 여길 좀 벗어나 봤으면!”

화려한 옷을 걸친 왕자였지요. 그때 멀리서 왕이 나타났어요.

“아버지, 전 왕궁 밖 세상을 보고 싶어요.”

"또 그 소리냐? 이곳은 세상에서 가장 살기 좋은 곳이야. 널 위해 이 왕궁을 좋은 것으로만 채웠는데, 도대체 무엇이 부족해서 그러는 거냐?"

왕은 고개를 저었지만 왕자는 몇 번이고 부탁했어요. 왕은 하는 수 없이 왕자가 궁 밖으로 나가는 것을 허락했지요. 왕자는 화려한 마차를 타고 하인과 함께 밖으로 나갔어요.

왕자의 마차 앞으로 지팡이를 짚은 노인이 힘겹게 걸어가고 있었지요.

"저 사람은 왜 저렇게 힘들어 보이지? 저런 모습은 본 적이 없어."

왕은 왕자를 너무 사랑해서 아름다운 것만 보게 하고 싶었어요. 그래서 늙고, 병든 사람들은 궁궐에 들어오지 못하게 했지요. 하인은 별일 아니라는 듯이 대답했지요.

"늙어서 그렇지요. 사람은 나이가 들면 힘이 없어지고, 저 노인처럼 구부정하게 걷게 된답니다."

왕자는 궁궐로 돌아왔어요. 얼마 뒤 다시 궁궐 밖으로 나간 왕자는 이번엔 병든 사람을 보았어요.

"저 사람은 왜 저렇게 힘들어 보이지? 늙지도 않은 것 같은데?"

"병에 걸려서 아픈 거예요. 사람들은 누구라도 병에 걸릴 수 있어요."

늙지도 않았는데 병에 걸려 아플 수 있다니, 왕자는 매우 놀랐어요.

왕자가 그다음에 궁궐 밖을 나갔을 때는 장례 행렬을 만났어요. 허름한 마차 위에 시체가 누워 있었어요.

"저 사람은 왜 꼼짝도 않고 누워 있는 거야?"

"저 사람은 죽었어요. 모든 사람은 언젠가는 저렇게 죽는답니다."

하인의 말을 들은 왕자는 슬프게 말했어요.

"아, 산다는 건 고통이구나!"

몇 날 며칠을 고민하던 왕자는 모든 것을 버리고 왕궁 밖으로 나섰어요.

그때까지 조용히 지켜보던 두루가 말했지요.

"어디로 가는 걸까? 가출이라도 하는 걸까?"

"왕자가 넌 줄 알아? 가출을 하게?"

누리의 말에 토라진 두루는 먼저 왕자를 따라 성큼성큼 걸어갔어요.

"뭐, 일단 쫓아가 보자. 따라가 보면 가출인지 아닌지 알게 되겠지."

가디언도 아이들의 뒤를 구시렁대며 쫓았어요.

"이 녀석들, 이제 마지막 여행인데. 아직도 저렇게 싸우기만 하면 어떡하나……."

깨달음을 통해 고통을 이겨 내는 종교
- 불교의 개념

두루와 누리가 본 왕자는 기원전 500년경 태어난 '고다마 싯다르타'예요. 싯다르타는 왕궁 밖의 삶을 통해, 많은 사람들이 괴로움과 고통 속에서 살아간다는 것을 알게 되었어요.

"사람들이 고통에서 벗어날 수는 없는 걸까?"

싯다르타는 질문의 답을 얻기 위해 모든 것을 버리고 수행을 하러 떠났어요. 수행이란 성인들의 가르침을 실천하고 도를 닦는 일을 말하지요. 하지만 그 답을 찾을 수 없었어요. 싯다르타는 보리수나무 아래에서 명상에 잠겼어요. 그렇게 49일이 지났지요.

"드디어 깨달았어!"

싯다르타가 깨달은 답은 네 가지였어요.

1. 인생은 고통으로 가득 차 있다. 지금 행복하더라도 행복은 영원하지 않기 때문에 언제든 불행해질 수 있다.
2. 삶을 고통스럽게 하는 것은 욕망이다. 사람들은 자기가 가진 것에 만족하지 않고 다른 것을 원하기 때문에 불행해진다.
3. 욕심을 이겨 내고 더 이상 바라는 것이 없어지면 고통에서 벗어날 수 있다.
4. 욕망에서 벗어나는 깨달음에 이르려면 여덟 가지 올바른 길을 배우고 행해야 한다.

불교에서 말하는 여덟 가지 올바른 길

싯다르타가 말한 여덟 가지의 바른 길을 '팔정도(八正道)'라고 해요. 사람들이 이 바른 길을 행하면 번뇌*를 없애고 진리를 깨달을 수 있다고 했지요.

- **정견**(正바를정 見볼견) : 올바르게 보아야 해요.
- **정사유**(正바를정 思생각사 惟생각할유) : 올바르게 생각해야 해요.
- **정어**(正바를정 語말씀어) : 올바르게 말해야 해요. 다른 사람을 헐뜯거나 거짓말을 해서는 안 돼요.
- **정업**(正바를정 業일업) : 바르게 행동하며, 바른 직업을 가져야 해요.
- **정명**(正바를정 命목숨명) : 평화롭게 살아야 해요. 다른 생명체를 죽이거나 동물의 고기를 사고팔아서는 안 돼요.
- **정정진**(正바를정 精정성스럽다정 進나아갈진) : 더 많이 가지려고 욕심내지 않고, 부지런히 노력해야 해요.
- **정념**(正바를정 念생각념) : 자기가 하는 모든 일에 세심하게 주의를 기울이고, 바르게 기억하고 생각해야 해요.
- **정정**(正바를정 定다스리다정) : 마음을 바르게 다스리기 위해, 명상을 해야 해요.

싯다르타는 다섯 명의 사람에게 자신이 깨달은 것을 가르쳤어요. 그 사람들은 제자가 되어 싯다르타를 따랐지요. 훗날 사람들은 싯다르타를 '붓다'라고 불렀어요. 붓다는

★ **번뇌** 마음이나 몸을 괴롭히는 노여움이나 욕망 따위

'깨달음을 얻은 사람'이라는 뜻이에요. 우리나라에서는 부처라고도 하지요.

이렇게 깨달음을 얻은 부처의 가르침을 바탕으로 하는 종교가 바로 불교에요. 부처는 45년간 여기저기 떠돌며 자신이 얻은 진리를 전파하다가 여든 살에 세상을 떠났어요.

누구나 부처가 될 수 있다고요?

불교의 특징 중 하나는 신이 없다는 거예요. 부처는 신이 아니라 성자예요. 성자란 지혜롭고 깨달음을 얻은 사람을 뜻하지요.

부처는 자신만이 부처인 것은 아니라고 했어요. 그뿐만이 아니라 자신 이전에도 많았고, 앞으로도 많은 수의 부처가 나타날 것이라 했지요.

불교에서는 누구나 부처의 가르침에 따라 살며 깨달음을 얻으면, 스스로 부처가 될 수 있다고 믿어요. 신에 의존하지 않고 수행하다 보면 깨달음을 얻을 수 있다는 것이지요.

다른 사람을 사랑하고 베푸는 일, 자비

불교에서는 '윤회'를 믿어요. 모든 생명은 끝없이 다른 모습으로 태어난다는 것이지요. 그리고 진리를 깨달으면 윤회를 끝내고 해탈하게 된다고 해요. 이것을 열반, '니르바나'라고 하지요.

이러한 윤회 사상은 먼저 생겨난 힌두교를 바탕으로 하고 있어요. 불교는 힌두교를 바탕으로 해서 생겨난 종교거든요. 하지만 불교는 힌두교에서 당연하게 여겼던 카스트 제도를 인정하지 않았어요. 태어날 때부터 신분에 따라 계급이 나뉘는 것을 부정하고 모든 사람이 평등하다고 가르쳤지요.

그래서 부처는 살아가면서 다른 사람을 안타깝게 여기고 사랑하며 베풀 것을 당부했어요. 이런 가르침을 **'자비'**라고 하지요. 사람뿐만이 아니라 모든 생명에게 자비를 베풀어야 하며, 생명을 함부로 해쳐서는 안 된다고 강조했지요.

스님은 어떤 사람일까요?

스님은 불교의 '승려'를 높여 부르는 말이에요.

부처가 여기저기 다니며 깨달음을 사람들에게 전하면서 그의 가르침에 따라 살려는 사람들이 모여들었어요. 그런데 부처의 제자가 되려면 집을 떠나 같이 모여 살아야 했기 때문에 불교 공동체가 생겨났지요. 이 사람들이 바로 승려의 시초가 되었어요. '승가'라고도 하지요. 오늘날 승려들은 불상이 모셔진 절에 모여 수행을 해요.

누구나 승려가 될 수는 있지만, 승려로 살아가려면 여러 규칙을 지켜야 돼요. 생명을 죽여서는 안 되고, 거짓말을 하거나 도둑질을 해서도 안 돼요. 욕망을 억누르는 생활을 하며 이성을 가까이하지 않고, 술을 마시지 않아야 되지요.

불교의 경전은 『불경』이라고 불러요. 부처와 부처의 제자들의 말

씀을 정리해 놓은 것이지요. 좀 더 넓은 의미로는 불교의 규율과 이론을 쉽게 해설한 것까지 『불경』이라고 한답니다.

불교를 대표하는 유적을 찾아서
– 불교와 세계 지리

불교의 4대 성지

부처는 죽기 전에 제자 아난다에게 사람들이 꼭 참배해야 할 네 곳을 알려 주었어요. 이곳이 바로 불교의 4대 성지예요.

룸비니 네팔 남부 지방에 있는 곳으로 부처가 태어난 곳이에요. 1997년 유네스코가 세계 문화유산으로 등록했어요.

부다가야 인도 북동부 지역에 있어요. 부처가 깨달음을 얻은 곳으로, 보리수나무 한 그루가 심어져 있어요.

사르나트 부처가 깨달음을 얻고 난 뒤 처음으로 사람들에게 그 가르침을 전한 곳이에요.

쿠시나가라 인도의 힌두스탄 평원에 있는 곳으로 부처가 죽어, 열반에 든 곳이에요.

세계 3대 불교 유적지

미얀마 바간
바간은 1000~1200년경 미얀마에 있던 바간 왕조의 수도였어요. 바간 왕조는 미얀마를 최초로 통일했지요. 인도로부터 불교를 받아들인 바간 왕조는 수많은 불교 유적을 만들었어요. 그 가운데 2,300여 개의 탑과 사원이 남아 있지요. 그중에서도 아난다 사원은 가장 크고 아름다우며 잘 보존된 사원으로 손꼽혀요.

캄보디아 앙코르 유적지
앙코르는 크메르 왕국의 수도였어요. 크메르 왕국은 캄보디아의 옛 이름이지요. 앙코르에는 600여 개의 불교 사원이 있어요. 원래는 힌두교 사원으로 지어졌지만 나중에 불교도들이 불교 사원으로 삼았지요. 그래서 이곳에는 힌두교와 불교문화가 함께 남아 있어요.

인도네시아 보로부두르
인도네시아 자바섬 중앙에 있는 사원이에요. 보로부두르는 '산 위의 절'이라는 뜻이에요. 산 모양을 한 절과 둥글고 아름다운 탑들이 조화를 이루고 있지요.

부처님 오신 날은 우리나라에만 있을까요?
- 불교와 문화

음력 4월 8일은 '부처님 오신 날'이에요. 부처가 태어난 날을 기념하는 날이라 '석가 탄신일'이라고도 불려요. 우리나라는 불교를 국교로 삼았던 신라 시대부터 이날을 기념해 왔어요. 1975년에 부처님 오신 날은 대한민국 공휴일로 정해졌어요.

불교를 믿는 사람들은 부처의 탄생을 축하하며 큰 행사를 벌여요. 연등회, 관불 의식, 탑돌이 등이 그것이지요.

연등회는 연등을 켜서 복을 비는 의식이에요. 연등에 자신이나 가족의 이름을 적고 소원을 담아 불을 밝히지요. 관불 의식은 아기 부처상을 목욕시키는 일이에요. 탑돌이는 부처의 가르침을 되새기며 탑 주변을 도는 의식이지요.

그런데 말이에요, 부처님 오신 날이 우리나라에만 있는 걸까요? 정답은 '아니다!'예요.

전 세계의 불교도들은 부처가 태어난 날을 기념하고 축하해요. 다만 날짜가 조금씩 다르지요. 불교가 처음 시작된 인도와 중국·우리나라는 음력 4월 8일이 부처님 오신 날이에요. 세계적인 불교 단체인 세계 불교도 우의회에서는 1956년에 양력 5월 15일을 부처님 오신 날로 정했어요. 또 국제 연합에서는 양력 5월 중 보름달이 뜨는 날을 부처님 오신 날로 정해 기념행사를 열지요.

생활 속에 숨은 불교 용어를 찾아라!

우리가 흔히 쓰는 말들 중에는 종교적인 뜻이 담긴 말이 많아요. 그중에서도 불교에서 온 것들이 많지요. 어떤 것들이 있는지 살펴볼까요?

- **공부** : 공부를 좋아하는 친구가 있나요? 공부는 원래 불교에서 참선을 하는 일을 가리키던 말이에요. 참선이란 마음의 평화와 깨달음을 얻으려고 도를 닦는 일을 말해요.

- **불가사의** : 보통의 생각으로는 알 수 없고 이해하기 힘든 일을 불가사의라고 해요. 이집트의 피라미드나 이탈리아의 피사의 사탑 등을 떠올리는 사람도 있겠지요. 불교에서는 이 말이 말로 표현하거나 마음으로 생각할 수 없는 오묘한 이치나 가르침을 뜻한답니다.

- **야단법석** : 이 말은 원래 부처의 말씀을 듣기 위해 야외에 단을 만들어 마련한 자리를 가리키는 말이었어요. 이런 자리에는 사람들이 많이 모여 시끄럽지요. 그래서 많은 사람들이 모여 시끄럽게 구는 것을 가리키는 말이 되었지요.

- **아비규환** : 아비규환은 아비지옥과 규환지옥에서 온 말이에요. 지옥은 사람들이 고통으로 울부짖는 곳이지요. 그래서 아비규환은 여러 사람이 비참한 상황에서 울부짖는 모습을 나타내는 말로 쓰여요.

이 밖에도 찰나, 대장부, 아수라장, 지식, 항복 등도 불교와 관련이 있는 말이에요. 또 관음봉, 미륵봉 등 산봉우리와 금강산 등 산 이름도 불교에서 비롯됐지요.

불교는 우리나라에 언제 들어왔을까요?
- 불교와 역사

우리나라에 처음 불교가 전해진 것은 삼국 시대예요. 삼국의 왕들은 자신의 권위를 세우고, 백성의 마음을 하나로 모으기 위해 불교를 받아들였지요.

가장 먼저 불교를 받아들인 건 고구려예요. 372년 중국의 왕이 고구려에 스님·불경·불상 등을 보내 불교가 전해졌지요. 384년 백제에도 불교가 전해졌어요. 평탄하게 불교를 받아들인 두 나라와 달리 신라는 상황이 좋지 않았어요. 전통 신앙을 믿으며 권력을 휘

신라 선덕 여왕

두르던 귀족들이 불교를 인정하려 들지 않았거든요. 이때 이차돈이라는 신하가 나서 불교가 인정받길 바라며 목숨을 내놓았어요. 이차돈의 죽음을 계기로 신라는 불교를 국교로 받아들이게 되었지요.

불교는 삼국 시대와 통일 신라 시대, 고려 시대까지 국교로 인정받으며 오랜 세월 우리 민족과 함께했어요.

그런데 고려를 무너뜨리고 건국한 조선은 유교를 국가 이념으로 내세우며, 불교를 억압했어요. 승려들이 부처의 가르침에서 벗어난 나쁜 행동을 했다며 멀리 쫓아 버렸지요.

그럼에도 불구하고 불교는 우리나라 역사에서 가장 중요한 역할을 한 종교로 손꼽혀요. 수많은 불교 유적과 문화재가 나라 곳곳에 남아 있지요. 오늘날 우리나라 사람들이 가장 많이 믿는 대표적인 종교 가운데 하나로 인정받고 있답니다.

조선 태조 이성계

서로를 사랑하는 게 가장 중요해요!

"자, 이제 돌아갈 시간이야."

가디언은 두루와 누리를 처음 만났던 배로 데리고 왔어요.

"벌써요? 전 아직 어떤 종교를 가져야 할지 정하지 못했는데요?"

"우리가 여행하며 살펴본 건 사람들이 가장 많이 믿는 5대 종교야. 세상에는 아주 많은 종교들이 존재하지. 그 종교들을 모두 살펴보려면 평생 종교 여행만 해야 할지도 몰라."

그때 두루가 말했지요.

"가디언이랑 종교 여행을 하면서 느낀 점이 있어요. 어떤 종교도 거짓말이나 남을 괴롭히거나 나쁘게 행동하라고 가르치지 않았어요. 그런데 난 지금까지 친구들을 너무 많이 괴롭혔어요. 어떤 종교를 갖는다 해도 용서받지 못할지도 몰라요."

"두루야, 그렇지 않아. 내가 그동안 널 미워해서 미안해. 좀 더 넓은 마음으로 이해했어야 했는데……. 예수님이 원수를 사랑하라고 했고, 부처님도 사람들에게 자비를 베풀며 살라고 하셨잖아? 우리가 이제라도 이렇게 반성하면 용서받을 수 있을 거야."

"난 두루와 누리가 종교를 가지든 가지지 않든 상관없어. 다만 이렇게 서로를 이해하며 싸우지 말고 지냈으면 좋겠구나. 자, 이제 정말 헤어질 시간이다. 다들 잘 지내렴."

누리는 서운해서 눈물을 글썽였어요. 두루는 다급하게 소리쳤지요.

"앗! 이렇게 그냥 배에 두고 가시는 거예요?"

가디언은 왔던 것처럼 사라져 버렸어요. 보트에 난 구멍에서 물이 퐁퐁 솟아올랐지요. 두루는 바지와 티셔츠까지 벗어 보트의 구멍을 막았어요.

"아차! 너희들을 구하는 걸 깜빡했네. 보트에 난 구멍은 막아 놨어. 곧 선생님도 오실 거다."

다시 나타난 가디언이 말했어요. 그러고는 이제는 정말 안녕이라고 말하며 사라졌지요.

"어휴! 다행이다."

두 사람은 안도의 한숨을 쉬었어요. 누리는 팬티만 입고 있는 두루의 모습을 보며 키득거렸어요. 두루도 자신의 모습이 웃겼는지 함께 웃었지요. 그때 멀리서 선생님의 목소리가 들렸어요.

"두루야, 누리야!"

두루와 누리는 함께 힘을 합해 소리쳤어요.

"여기예요! 선생님 저희 여기 있어요!"

누구나 부처가 될 수 있다고 믿는 불교

불교의 개념

- **불교** : 신이 없는 종교예요. 부처의 가르침을 바탕으로 한 종교지요.
- 바르게 살며 부처의 가르침을 따라 수행하면 누구라도 부처가 될 수 있다고 생각해요.
- **자비** : 다른 사람을 안타깝게 여기고 사랑하며 베풀어야 한다는 뜻이에요. 사람뿐만이 아니라 모든 생명에 자비를 베풀어야 하며, 생명을 함부로 해쳐서는 안 된다고 강조했지요.

불교와 세계 지리

불교의 4대 성지	세계 3대 불교 유적지
· 석가모니가 태어난 룸비니 · 깨달음을 얻은 부다가야 · 처음으로 가르침을 전한 사르나트 · 열반에 든 쿠시나가라	· 미얀마 바간 · 캄보디아 앙코르 유적지 · 인도네시아 보로부두르

불교와 문화

- **부처님 오신 날** : 석가 탄신일이라고도 해요. 부처가 태어난 날을 기념하는 날이지요. 나라마다 날짜와 행사가 조금씩 달라요. 우리나라는 음력 4월 8일을 부처님 오신 날로 정했어요.

불교와 역사

- 300년경 고구려에서 처음으로 불교를 받아들였어요. 그 뒤로 백제, 신라 순서대로 불교가 전해졌지요.
- 통일 신라, 고려는 불교를 국교로 삼았어요. 이때 불교문화가 크게 발전했지요.
- 고려를 무너뜨리고 건국된 조선은 유교를 국가 이념으로 삼고, 불교를 억압했어요.

종교 체험을 떠나자!

우리나라 대표 불교 유적들

   우리나라에 남아 있는 불교 유적 가운데에는 세계적인 문화유산으로 손꼽히는 것들도 많아요.

불국사 - 경상남도 경주 토함산 서쪽에 자리 잡은 절로, 통일 신라 때 만들어졌어요. 1995년 석굴암과 함께 세계 문화유산에 등재되었지요. 대웅전·백운교·청운교·다보탑·석가탑 등 신라의 불교문화를 한눈에 살펴볼 수 있는 장소예요.

석굴암 - 경상남도 경주 토함산 꼭대기에 있어요. 돌을 쌓아 굴을 만들고 그 안에 불상을 모셔 놓았지요. 통일 신라 때 만들어졌어요.

팔만대장경 - 부처의 말씀을 기록한 경전을 새긴 목판이에요. 고려 시대에 부처의 힘으로 외적을 물리칠 수 있길 바라며 만들었지요. 경상남도 합천에 있는 절 '해인사'에 보관되어 있으며, 세계 기록 유산에 등재되었어요.

인도 박물관에서 살펴보는 힌두교

인도 박물관은 인도 여러 지역에서 수집한 종교, 문화, 생활과 관련된 물품들을 전시해 놓은 곳이에요.

인도 사람들 대부분이 힌두교를 믿는 만큼, 특히 힌두교와 관련된 것들이 많지요. 브라흐마·비슈누·시바 등 다양한 신의 조각상은 물론, 힌두교와 관련된 문양도 살펴볼 수 있어요. 인도의 역사·문화·종교와 관련된 교육 프로그램도 진행되고 있어요.

위치 서울시 서초구 서초중앙로2길 35 광림빌딩 | **전화번호** 02-585-2185

우리나라 최초의 이슬람 사원, 서울 중앙 성원

이슬람 사원을 '모스크'라고 해요. 외국인들이 많이 살고 있는 서울 이태원에도 모스크가 있어요. 1976년에 세워진 우리나라 최초의 모스크 서울 중앙 성원이지요. 매주 금요일마다 이슬람교도들이 이곳에 모여 『코란』을 읽으며 예배를 드려요.

모스크에서 예배를 드리기 전에 우두실에 가서 손, 얼굴, 코, 입, 팔, 발 등을 깨끗이 씻어야 해요. 신을 만나기 위해 몸과 마음을 정갈하게 하는 이 의식을 '우두'라고 하지요.

모스크에는 정해진 자리가 없어요. 신 앞에서는 모두 평등하기 때문이에요. 모든 사람이 신발을 벗고 들어가 바닥에 깔린 카펫에 엎드려 기도해요. 다만 여자들과 남자들의 예배실은 분리되어 있어요.

위치 서울시 용산구 우사단로10길 39

1 다음 중 바르게 말한 사람을 모두 골라 보세요.

① **수연** : 종교는 세계의 역사에 많은 영향을 주었어. 종교를 공부하면 세계의 역사를 이해하는 데 도움이 돼.

② **현서** : 다른 사람을 이해하는 데 도움이 돼. 종교는 사람들의 생각과 행동에 많은 영향을 주거든.

③ **민정** : 종교가 있는 사람은 자기 종교에 대해서만 열심히 공부하면 돼.

④ **유빈** : 굳이 종교를 공부할 필요는 없다고 생각해.

⑤ **유라** : 종교를 공부하면 다른 나라의 문화를 이해할 수 있어.

2 아래 글을 읽고, 빈칸에 들어갈 말을 채워 보세요.

"사람은 왜 태어날까?"
"자연을 다스리는 힘은 어디서 오는 걸까?"
"사람은 죽은 뒤에는 어떻게 될까?"

옛날 사람들은 사람의 힘으로 어찌할 수 없는 일들을 두려워하고 고민했어요. 그러다 신이나 사람이 알 수 없는 신비하고 절대적인 힘이 존재한다고 믿게 되었지요. 이러한 믿음은 세월이 흐르면서 점차 다양한 (   )로 발전하게 되었답니다.

3 두루와 누리가 종교에 대해 이야기하고 있어요. 두 사람이 말하는
종교가 무엇인지, 〈보기〉에서 찾아 써넣어 보세요.

세상에는 종교가 아주 많아요. 그중에서도
가장 많은 사람들이 믿고 잘 알려진 다섯 종
교를 5대 종교라고 해요. 5대 종교는
(   ), (   ), (   ),
(   ), (   )예요.

어떤 민족에게서 생겨나 발전된 종교를 민
족 종교라고 해요. 우리나라에는 (   ),
(   ), (   ) 등의 민족 종교가
있어요.

1 힌두교에 관한 설명 가운데 옳은 것을 모두 고르세요.

① 힌두교는 인도 사람들이 많이 믿는 종교예요.
② 힌두교에서는 신은 오직 한 분뿐이라고 말해요.
③ 생명에는 영혼이 있고, 그 영혼은 몸이 죽으면 새로운 몸을 찾아 다시 태어난 다고 믿어요.
④ 힌두교에서는 다양한 신을 모셔요.
⑤ 힌두교를 믿는 사람들은 돼지를 신성하게 여겨 돼지고기를 먹지 않아요.

2 힌두교에서는 태어날 때부터 사람의 계급이 정해져 있다고 믿어요. 이 계급을 카스트라고 하지요. 힌두교를 주로 믿는 인도에서는 오랜 시간 동안 카스트로 인한 차별이 있었어요. 오늘날에는 법적으로 카스트가 없어졌지만, 아직도 사람들의 생각과 생활에 깊게 남아 있지요. 태어날 때부터 신분과 계급이 정해지는 카스트에 대한 친구들의 생각을 써 보세요. 서술형문항대비 ✔

카스트는 .... 다.
그 이유는 ....
.... 때문이다.

3 아래에서 설명하는 것은 무엇인가요? 괄호 안에 공통으로 들어갈 말을 써넣으세요.

( )은 인도를 대표하는 아주 큰 강이에요. 길이가 약 2,500킬로미터나 되지요. 힌두교도들은 ( )의 물이 자신들이 지은 죄를 씻어 준다고 여겨요. 죽은 뒤에 몸을 태워 가루로 만든 뒤, ( )에 뿌리면 계속 다시 태어나는 일에서 벗어나게 된다고 믿는답니다.

4 다음은 힌두교에서 믿는 신에 대한 설명이에요. 설명에 맞는 신의 이름을 〈보기〉에서 찾아보세요.

보기

| 브라흐마 | 강가 | 비슈누 | 시바 |

① 힌두교 최고의 신으로 세상을 만들었다고 해서 창조의 신이라고 불려요. 네 개의 머리와 네 개의 팔을 가졌으며, 연꽃 위에 앉아 있는 신이에요.

( )

② 나쁜 것을 파괴하고 또 죽음을 통해 더 나은 모습으로 태어날 수 있도록 도와주는 신이에요. 이마에는 무언가를 파괴할 때만 뜨는 제3의 눈이 있어요.

( )

1 유대교에서 중요하게 여겨지는 사람들이 자기소개를 하고 있어요.
이 사람들의 이름은 무엇인가요?

①

나는 유대 민족의 조상이에요.
하느님의 말씀에 따라 사람들을
이끌고 가나안 땅으로 갔지요.

②

나는 유대 민족을 이집트로
부터 탈출시키고, 하느님의
계시를 전했어요.

2 민우가 유대교에 대한 정보를 정리했어요.
그 가운데 옳은 것에 ○, 틀린 것에는 × 표
시하세요.

① 유대교에서는 '야훼'라고 하는 오직 한 분뿐
인 신을 믿어요. (   )
② 유대교는 기독교와 이슬람교의 뿌리가 된 종
교예요. (   )
③ 유대교에서는 예수가 하느님의 아들이며, 세상을 구하기 위해 왔다고
믿어요. (   )

3 다음 광고를 읽고 어떤 책에 대한 광고인지, 빈칸을 채워 보세요.

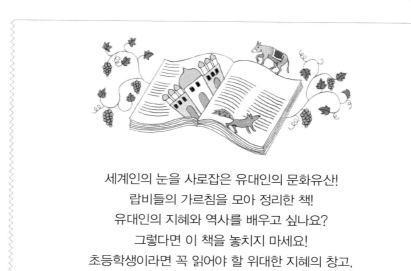

세계인의 눈을 사로잡은 유대인의 문화유산!
랍비들의 가르침을 모아 정리한 책!
유대인의 지혜와 역사를 배우고 싶나요?
그렇다면 이 책을 놓치지 마세요!
초등학생이라면 꼭 읽어야 할 위대한 지혜의 창고,
(   )를 소개합니다!

4 예루살렘에는 '통곡의 벽'이라고 불리는 장소가 있어요. 유대교를 믿는 사람들은 이곳을 찾아, 하느님께 기도를 올리고 소원을 적어 벽 틈에 끼워 놓지요. 이곳이 통곡의 벽이라는 이름이 붙게 된 이유는 무엇일까요? 서술형문항대비 ✓

1 다음에서 설명하는 사람은 누구인가요?

> 이 사람은 하느님의 아들이에요. 사람들을 구원하기 위해 세상에 내려왔고, 모든 인간의 죄를 대신해 십자가에 못 박혀 죽었지요.
> 그는 하느님은 모든 사람을 똑같이 사랑한다고 말했어요. 그리고 하느님을 믿으면 누구나 천국에 갈 수 있다고 했지요. 또 하느님이 모두를 사랑하듯 서로 사랑해야 한다고 전했답니다.

2 기독교는 전 세계에서 가장 많은 사람들이 믿는 종교예요. 그래서 기독교의 문화가 전 세계에 널리 퍼져 있지요. 다음 중 기독교의 문화와 상관없는 것은 무엇인가요?

① 기원전, 기원후
② 크리스마스
③ 부활절에 달걀 선물하기
④ 지느러미가 있는 생선만 먹기

3 다음 글의 빈칸에 들어갈 말을, 순서대로 알맞게 골라 보세요.

> 기독교는 세월이 흐르면서 여러 교파로 나뉘었어요. 가장 대표적인 기독교 교파로 가톨릭(천주교), 정교회, 개신교가 있어요.
> (㉠)에서는 예수를 대신해 뜻을 전하고 축복을 내려 주는 교황을 아주 중요하게 생각해요. 하지만 (㉡)에서는 교황의 무조건적인 권위를 인정하지 않고 성상을 섬기는 것을 반대하지요. 마지막으로 (㉢)은/는 가톨릭의 잘못을 지적하면서 종교 개혁을 통해 생겨났어요.

① ㉠ 가톨릭 ㉡ 정교회 ㉢ 개신교
② ㉠ 정교회 ㉡ 개신교 ㉢ 가톨릭
③ ㉠ 개신교 ㉡ 가톨릭 ㉢ 정교회

4 기독교의 경전으로, 세계에서 가장 많이 팔린 책의 이름은 무엇인가요?

5 아래의 사람이 이야기하고 있는 전쟁의 이름은 무엇일까요?

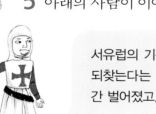

> 서유럽의 기독교도들이 이슬람교에 빼앗긴 성지 예루살렘을 되찾는다는 이유로 벌인 전쟁이에요. 1096년부터 약 200년간 벌어졌고, 수많은 사람이 목숨을 잃었지요.

1 두루가 무함마드를 직접 만나 인터뷰하고 있어요. 무함마드의 대답 가운데 빈칸에 들어갈 말을 〈보기〉에서 찾아 써넣어 보세요.

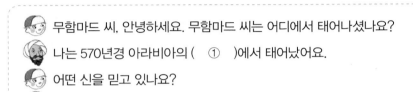

무함마드 씨, 안녕하세요. 무함마드 씨는 어디에서 태어나셨나요?

나는 570년경 아라비아의 (①)에서 태어났어요.

어떤 신을 믿고 있나요?

유일한 신인 (②)를 믿어요.

어떤 사람들은 무함마드 씨가 이슬람교에서 믿는 신이라고 하던데 정말인가요?

나는 신이 아니에요. 내가 믿고 있는 신인 (②)의 마지막 (③) 이지요.

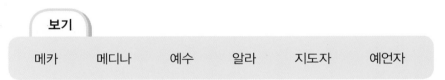

보기

메카   메디나   예수   알라   지도자   예언자

2 누리에게 이슬람교를 믿는 무슬림 친구가 생겼어요. 친구를 집으로 초대하기로 했지요. 다음 음식 중 무슬림 친구에게 대접할 음식으로 적당하지 않은 것은 무엇인가요?

① 사과 주스   ② 떡볶이   ③ 치즈 피자   ④ 삼겹살

3 이슬람교를 지탱하는 다섯 가지 계율에 대한 설명 가운데 틀린 것은 무엇인가요?

① '알라 외에 다른 신이 없으며, 무함마드는 알라의 예언자다.' 라고 말해요.

② 하루에 다섯 번 하던 일을 멈추고 메카를 향해 기도를 올려요.

③ 가난한 사람들에게 자신의 것을 나누어 줘요.

④ 한 달 동안의 라마단 기간에 단식을 해요.

⑤ 일 년에 한 번 성지 메카에 가야 해요.

4 다음 글에서 이슬람교에 대해 잘못 정리한 내용을 찾아 바르게 고쳐 보세요. 서술형문항대비 ✔

① 메카는 오늘날의 사우디아라비아에 있는 도시로 무함마드가 태어난 곳이에요. 이곳에는 이슬람 민족의 시조인 아브라함과 그의 아들 이스마엘이 지었다고 전해지는 카바 신전이 있어요. ② 무슬림들은 생활 속에서 다양한 규범들을 엄격하게 지켜요. 무슬림들이 따라야 할 규칙은 모두 이슬람교의 경전인 『코란』에 담겨 있어요. ③ 이슬람교에서는 여성을 차별하기 위해 히잡과 같은 베일을 쓰도록 하고 있어요.

1 싯다르타의 생애에 대한 이야기예요. 이야기를 순서에 맞게 정리해 보세요.

> ① 제자들에게 자신이 깨달은 내용을 알려 주었어요.
> ② 한 나라의 왕자로 태어났어요.
> ③ 고통에서 벗어날 방법을 찾기 위해 왕궁을 나가 수행을 시작했어요.
> ④ 왕궁 밖 세상을 통해 사람들이 고통을 받으며 살아간다는 것을 알게 됐어요.
> ⑤ 보리수나무 아래에서 명상을 통해 깨달음을 얻었어요.

(   ) → (   ) → (   ) → (   ) → (   )

2 우리 민족은 오랜 시간 불교를 믿어 왔어요. 그래서 곳곳에 불교와 관련된 유적이나 문화재가 많지요. 다음 중 우리나라의 불교 유적이 아닌 것은 무엇인가요?

①
불국사

②
팔만대장경

③
부다가야

3 불교에 대한 설명 가운데 맞는 것은 ○, 틀린 것은 × 표시를 하세요.

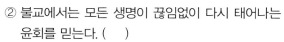

① 불교에서는 부처를 신이라고 믿는다. (　　)
② 불교에서는 모든 생명이 끊임없이 다시 태어나는 윤회를 믿는다. (　　)
③ 불교에서는 진리를 깨달으면 윤회를 끝내고 해탈하게 된다고 믿는다. (　　)

4 종교와 관련된 장소에 다녀온 뒤, 체험 학습 보고서를 써 보세요.

날짜		이름		학년, 반	
장소					
가는 방법					
체험 학습 내용	체험 학습 전 알았던 사실				
	체험 학습 뒤 알게 된 점				
느낀 점					
아쉬운 점					

❶ 알쏭달쏭 헷갈리는 종교의 모든 것

1. ①, ②, ⑤
2. 종교
3. ① 힌두교, 이슬람교, 불교, 기독교, 유대교 ② 대종교, 천도교, 원불교

❷ 수많은 신을 모시는 힌두교

1. ①, ③, ④
3. 갠지스강
4. ① 브라흐마 ② 시바

❸ 유대 민족의 종교, 유대교

1. ① 아브라함 ② 모세
2. ① ○ ② ○ ③ ×
3. 탈무드
4. 옛날, 유대인들은 예루살렘에 성전을 지었다. 그런데 로마가 쳐들어와 이곳을 빼앗기고 뿔뿔이 흩어지게 되었다. 로마는 유대인들의 성전을 부수면서 서쪽 벽을 남겨 놓았는데, 다시는 로마에 도전하지 말라는 경고였다고 한다. 유대인들이 이 서쪽 벽을 찾아 나라 잃은 슬픔에 통곡하고, 다시 성전을 지을 날을 그리며 눈물 흘렸다고 해서 '통곡의 벽'이라는 이름이 붙었다.

❹ 전 세계 가장 많은 사람들이 믿는 종교, 기독교

1. 예수
2. ④. 지느러미가 있는 생선만 먹는 것은 유대교의 문화이다.
3. ①
4. 성경
5. 십자군 전쟁

❺ 알라를 따르는 사람들, 이슬람교

1. ① 메카 ② 알라 ③ 예언자
2. ④. 이슬람교에서는 돼지고기를 먹지 않기 때문이다.
3. ⑤. 일생에 한 번은 꼭 성지인 메카에 가야 한다.
4. ③. 이슬람교를 믿는 여성들이 히잡과 같은 베일을 쓰는 것은 오래된 관습이에요. 여성을 차별하는 문화라고 볼 수 없지요.

❻ 누구나 부처가 될 수 있다고 믿는 불교

1. ② → ④ → ③ → ⑤ → ①
2. ③. 부다가야는 인도의 불교 유적이다.
3. ① × ② ○ ③ ○

찾아보기